AF532658

EPHESOS (SELÇUK) 7

Nirgendwo sonst gibt es eine so gut erhaltene griechisch-römische Stadt – samt uralter Straßen, Tempel, Bäder und Wohnhäuser.

Tipp: Die Celsus-Bibliothek (Foto) ist eine einmalige Selfie-Kulisse.

➤ S. 92, Südliche Ägäis

BODRUM 8

Die schönste Stadt an der Ägäisküste! Ihr Wahrzeichen ist die alte, aber sehr gut erhaltene Kreuzritterburg.

Tipp: Von den Zinnen der Burg durch die Schießscharten hast du den besten Blick über die Stadt.

➤ S. 97, Südliche Ägäis

BLAUE REISE 9

Du entspannst auf einer Holzyacht wirst zu den schönsten Badeplätzen der Ägäis gebracht.

Tipp: Am frühen Morgen spiegelt sich das erste Licht im ruhigen Wasser der Bucht.

➤ S. 102, Südliche Ägäis

MARMARIS 10

Umgeben von Wäldern liegt die Stadt wie ein Juwel in einer geschützten Bucht: Altstadt, Tavernen, Strand, Basar und Nachtleben – alles, was das Herz begehrt.

➤ S. 105, Südliche Ägäis

INHALT

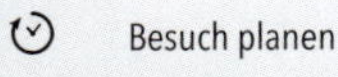

€-€€€ Preiskategorien
(*) Kostenpflichtige Telefonnummer

Shoppen

Ausgehen

Top-Strände

(A2) Herausnehmbare Faltkarte
(0) Außerhalb des Faltkartenausschnitts

BESSER PLANEN MEHR ERLEBEN!

Digitale Extras go.marcopolo.de/app/turw

DAS BESTE ZUERST

Ein Tag am Meer: Urlaubsträume am Strand von Içmeler bei Marmaris

BEST OF BEI REGEN

SCHÖN, AUCH WENN ES REGNET

SHOPPINGLUST STATT REGENFRUST

Jedes überdachte *Basarviertel* an der Küste bietet kurzweiligen Schutz bei Regen. In den großen Basaren von *Kuşadası* und *Marmaris* kannst du nach Herzenslust nach Souvenirs und Schmuck stöbern, während draußen der Himmel weint.

➤ S. 91, S. 107, Südliche Ägäis

FLUCHT UNTER DIE WELLEN

Tauch ab, wenn es über Wasser zu nass ist! Die Funde aus jahrhundertealten Wracks, vor allem farbige Glasbehälter, werden in den abgedunkelten Räumen des *Unterwassermuseums* in Bodrum wirkungsvoll ausgestellt (Foto).

➤ S. 98, Südliche Ägäis

BURGBESICHTIGUNG

Die *Çimenlik Kale* in Çanakkale kontrolliert die engste Stelle der Meerenge der Dardanellen. Der osmanische Sultan Mehmet II. ließ sie zur Vorbereitung der Eroberung Konstantinopels 1452 erbauen. Auch zur Verteidigung der Meerenge im Ersten Weltkrieg spielte die Burg eine wichtige Rolle.

➤ S. 43, Nördliche Ägäis

BEI EINEM GLAS WEIN VOR SICH HIN TRÄUMEN

Bei Regen färbt sich der Himmel über der Ägäis manchmal violett. Regenbögen sind keine Seltenheit, weil Gewitter schnell vorbeiziehen. Beobachte die Wetterphänomene von einem Hafencafé aus – zum Beispiel im Hafen von Assos. Hier sitzt du im *Yildiz Saray* bei einer Flasche Wein unterm Dach.

➤ S. 52, Nördliche Ägäis

GESCHICHTE GUCKEN

Wie gemacht für einen Regentag: das *Archäologische Museum* von İzmir. Das Haus bietet eine gute Übersicht über Funde aus der menschlichen Siedlungsgeschichte an der Ägäis.

➤ S. 73, Izmir & Umgebung

FEIERN MIT DEN EINHEIMISCHEN

Erlebe türkische Folklore – vom Kamelkampf in Aydın und Selçuk, bis zu den jährlichen lokalen Erntefesten. Wie in *Çandarlı* gibt es in den meisten Ferienorten im Sommer *Folklorefestivals mit Tanz und Musik*. Sie werden von der Kommune organisiert, der Eintritt ist oft frei. Die Gelegenheit, sich mal unter die Einheimischen zu mischen.

➤ S. 127, Gut zu wissen

SCHNORCHELN UND TAUCHEN

Ob mit oder ohne Flasche – Tauchen und Schnorcheln lohnt sich an der Ägäis wegen der reichen Unterwasserwelt. Westlich der Dardanellen, im *Golf von Saros,* kannst du direkt vom Ufer aus umsonst und allein ins tiefe Wasser abtauchen (Foto).

➤ S. 45, Nördliche Ägäis

ENTSPANNTE RAST

Bei Tee oder Kaffee kannst du im Café im Innenhof der *Öküz Mehmet Paşa Hani*-Karawanserei in Kuşadası stundenlang verweilen – Wellness quasi umsonst!

➤ S. 91, Südliche Ägäis

TIEFBLAUES MEER, WOHIN MAN BLICKT

Es gibt viele alte Burgen an den türkischen Küsten. Manche sind restauriert, andere halbe Ruinen – Eintritt muss man fast überall bezahlen. Die *Burg von Çandarli* ist nicht nur eine der besterhaltenen an der Küste, der Blick von ihren Mauern aufs Meer ist kostenlos.

➤ S. 65, Nördliche Ägäis

LECKER UND PREISWERT

Im feinen Ambiente der Marina von Marmaris zahlt man üppig für ein Abendessen – nicht so im *Azmakbaşı Restaurant.* Das Menü (Fisch oder Fleisch vom Grill mit Salat und Getränk) kostet nicht mehr als 10 Euro. Und du sitzt direkt am Wasser.

➤ S. 107, Südliche Ägäis

BEST OF MIT KINDERN

SPANNENDES FÜR GROSS & KLEIN

EIN ZOO ZUM WOHLFÜHLEN

Krokodile, Löwen, Schildkröten, Kamele ... über 130 Arten beherbergt der *İzmir Wildpark*. Die Kleinsten lieben den Streichelzoo und dürfen die Ziegen und Schafe füttern.

➤ S. 76, Izmir & Umgebung

WO DIE WILDEN ROBBEN LEBEN

Die *Insel Orak* vor Foça ist ein Naturreservat für die vom Aussterben bedrohten Mönchsrobben, die in den Höhlen rund um die Insel leben. Mit dem Ausflugsboot begebt ihr euch auf die abenteuerliche Suche nach den freundlichen Tieren.

➤ S. 71, Izmir & Umgebung

EIN STRAND VOM FEINSTEN

Mit Kindern ist die Ägäisinsel *Bozcaada* ein ideales Urlaubsziel. Ein hübscher Ort mit kleinen Hotels, Cafés und Restaurants und dem *Ayazma-Strand*. Der ist mit seinem flach abfallenden Meer besonders kindgerecht. In der Umgebung gibt es kleine Höhlen und Wanderpfade. Langeweile kommt hier sicher nicht auf.

➤ S. 50, Nördliche Ägäis

KEIN URLAUB OHNE PIZZA!

Erwachsene lassen sich gern auf lokale Spezialitäten ein, aber Kinder wollen spätestens am dritten Tag das Gewohnte: Pizza! Bei *Sünger* in Bodrum lasst ihr euch die beste Pizza der Ägäisküste schmecken. Und anderswo macht es auch ein Pide – die türkische Pizza!

➤ S. 100, Südliche Ägäis

RITTERSPIELE

An der Ägäisküste gibt es viele alte Ritterburgen zu entdecken – ideal zum Klettern und Rennen. Man kann auf die Außenmauern steigen, tolle Fotos machen und beim Rundgang die Geschichte der Kreuzritter kindgerecht nacherzählen, z. B. in der *Burg von Çandarlı*.

➤ S. 65, Nördliche Ägäis

LUXUS AUF DEM WASSER

Eine Kabine oder ein ganzes Boot: Eine private Kreuzfahrt auf einer Yacht mit Vollverpflegung ist das Feinste, was du an der Ägäis unternehmen kannst, und nennt sich *„Blaue Reise"*.

➤ S. 19, 102, Südliche Ägäis

WIE VOR 3000 JAHREN

Von *Ephesos* hat jeder irgendwann einmal gehört. Die Pracht der griechisch-römischen Antike ist nirgendwo so anschaulich zu bewundern wie hier. Statt umgestürzter Säulen und archäologischer Puzzle findest du eine Bibliothek (Foto), Tempel oder Häuser, die aussehen wie eben erst verlassen.

➤ S. 92, Südliche Ägäis

PENDELN ZWISCHEN STRAND UND INSEL

Die griechischen Inseln sind von der türkischen Westküste nur einen Steinwurf entfernt. So kannst du von *Ayvalık (Lesbos)*, *Çeşme (Chios)*, *Kuşadası (Samos)*, *Bodrum (Kos)* oder *Marmaris (Rhodos)* aus bequem eine Tagestour zu einer griechischen Insel machen.

➤ S. 57, Nördliche Ägäis, S. 108, Südliche Ägäis

HISTORISCHES SPA

Die Ägäisküste ist voll mineralhaltiger Quellen, auf deren heilende und verjüngende Wirkung schon die alten Römer schworen. Ein Wellnesstag, z. B. im *Resort & Thermalhotel Altinyunus*, ist eine buchstäblich heiße Empfehlung.

➤ S. 83, Izmir & Umgebung

EIN FEST FÜR DIE SINNE

Die Kräuter der Ägäisküste sind berühmt für ihr Aroma und ihre heilende Wirkung. Ob als Öle, als Geschmacksverstärker oder als Tee – frische oder getrocknete Kräuter sind schöne und preiswerte Mitbringsel. Kaufen kannst du sie vor allem auf Wochenmärkten.

➤ S. 31, Shoppen & Stöbern

SO TICKT DIE TÜRKISCHE WESTKÜSTE

Hier? Oder doch lieber dort? Süße Qual der Tischwahl in Alaçati

ENTDECKE DIE TÜRKISCHE WESTKÜSTE

Fifty Shades of Blue: Traumblick über Bodrum aufs Meer

Um mit dem griechischen Historiker Herodot zu sprechen: Die Ägäis hat „den schönsten Himmel und das beste Klima" der Welt. Ein vom Wind zerzauster einsamer Norden, die betriebsame, quirlige Mitte rund um İzmir und das mondäne Bodrum im Süden, das sind die groben Orientierungsmarken. Die vorgelagerten griechischen und türkischen Inseln garantieren reizvolle Entdeckungen.

BELIEBT BEI INDIVIDUALISTEN

Windräder und ökologische Landwirtschaft zeugen von zukunftsgewandter Energie und Planung. Immer mehr junge, weltoffene Türken zieht es an diese Küste, wo ein religiös-konservativer Lebensstil eher gemieden als gesucht wird. An der Ägäis steht der Lebensgenuss an oberster Stelle. Während die Mittel-

- **70 000–80 000 v. Chr.** Älteste Jägerkulturen in Anatolien
- **6. Jh. v. Chr.** Hochblüte der Kultur in Milet
- **Nach 131 v. Chr.** Pergamon und Westanatolien werden zur Provincia Asia des Römischen Reiches
- **6. Jh.** Das Christentum wird zur Staatsreligion in Byzanz
- **Um 1300** Die Osmanen erobern Westanatolien
- **1914–18** Erster Weltkrieg: Die Griechen besetzen Westanatolien

meerküste in der Gegend von Antalya mit ihren weitläufigen Stränden und Feriendörfern eher Pauschaltouristen anspricht, lockt die Westküste Individualisten an. Hier wirst du nur wenige Sandstrände finden, die kilometerlang sind, und das Meer ist oft aufgewühlt und etwas kühler als weiter südlich, auch wenn unzählige Buchten zum Baden verführen. Olivenbäume, ein „ägäisblaues" Meer und antike Stätten, die in Freiluftmuseen umgewandelt wurden, prägen den Landstrich. In den Olivenhügeln entlang der Küste verstecken sich klangvolle Namen der Antike – Troja, Pergamon, Milet, Ephesos – und trotzdem ist die türkische Ägäisküste kein Museum, sondern auch ein Erlebnisraum für Naturliebhaber. Von den einsamen Stränden im Norden über die trendigen Buchten rund um İzmir bis hin zu Bodrum, dem türkischen St. Tropez, im Süden ist für jeden etwas dabei.

TÜRKISCH-GRIECHISCHE ANNÄHERUNG

Die meisten Siedlungen an der türkischen Westküste waren einmal auch von Griechen bewohnt. Die Menschen der zerfurchten und durch Flüsse üppig bewässerten Region pflegten jahrhundertelang einen regen kulturellen und wirtschaftlichen Austausch mit den vorgelagerten griechischen Inseln. Diese sind zum Teil nur wenige Seemeilen von der türkischen Küste entfernt, weshalb sich hier auch die Flüchtlingsströme der letzten Jahre konzentrierten. Der Reiseverkehr zwischen den küstennahen griechischen Inseln und der Türkei hat in den vergangenen Jahren stark zugenommen. Aufgrund ihrer wirtschaftlichen Prob-

1919–23 Türkischer Befreiungskrieg, Gründung d. Türk. Republik

1999 EU-Kandidatur der Türkei

2016 Flüchtlingsabkommen mit der EU; gescheiterter Putschversuch der Armee gegen Präsident Erdoğan

2023 Bei zwei Erdbeben mit einer Magnitude von bis zu 7,8 sterben in der Südosttürkei und in Nordsyrien fast 60 000 Menschen

2023 Amtsinhaber Erdoğan gewinnt die Stichwahl um das Präsidentenamt mit 52 Prozent der Stimmen leme empfangen die Griechen ihre einstigen „Erzfeinde" nunmehr mit offenen Armen – zwischen beiden Ufern der Ägäis findet heute ein neuer, echter Austausch statt.

PFLANZKULTUR

Westanatolien ist die Wiege zahlreicher Zivilisationen von den Lykiern bis zu den Byzantinern und Osmanen. Davon zeugen vor allem die – oft jahrhundertealten – Olivenbäume, die zu den ältesten Kulturpflanzen gehören. In bizarren, verschlungenen Formen wachsen sie an der gesamten Küste, vom Marmarameer bis hinab in den Süden. Die fruchtbaren Täler der Flüsse Menderes und Gediz und der vielen kleineren Gewässer, die in den Bergen des Hinterlands ihre Quellen haben, machen die Erde ertragreich. In großen Gewächshäusern gedeihen das ganze Jahr über Tomaten, Paprika oder Auberginen. Die Landwirtschaft ist nach dem Tourismus die größte Einnahmequelle der *Egeli*, der Bewohner der Ägäisküste der Türkei.

WELTKULTURERBE ZIEHT TOURISTEN AN

Am regionalen Wohlstand hat der internationale Tourismus an der türkischen Westküste einen großen Anteil – umso problematischer ist es, dass in jüngster Zeit die politischen Entwicklungen nicht gerade förderlich waren: das Vorgehen der Regierung gegen die kurdische Arbeiterpartei PKK, der Krieg gegen den IS, die daraus resultierenden Flüchtlingsströme, die Vorgänge um den gescheiterten Putschversuch der Armee gegen die Erdoğan-Regierung 2016 und nicht zuletzt die Coronakrise haben dem Tourismus sehr geschadet. Wer trotzdem an die türkische Riviera reist, den erwarten nach wie vor antike Stätten wie Troja, Pergamon und Ephesos. Wo so viel zu besichtigen ist, gibt es vielfältige Möglichkeiten für Tagesreisen. Gute Hotels organisieren Jeepsafaris in das gebirgige Hinterland, per Holzboot kannst du von den touristischen Zentren aus besonders schöne Badestellen entdecken.

SONNE, WIND – PERFEKTER URLAUB

Ein großer Sonnenhut gehört zu den wichtigsten Reiseutensilien, wenn es an die Westküste geht, samt Schleife zum Befestigen, denn die Ägäis ist windig. Die Luftströmungen vom Norden und Südosten prallen vor allem auf die beiden Inseln Gökçeada (griech. Imbros) und Bozcaada (griech. Tenedos) am Ausgang der Dardanellen. Hinter der Großstadt İzmir lassen die Winde dann nach, in Bodrum nehmen sie wieder zu. Wassersportfans mögen das: Ab İzmir südwärts, vor allem unterhalb der Halbinsel Didyma, gibt es die besten Segelreviere der Türkei. Die Bucht von Gökova zwischen Bodrum und Marmaris ist außerdem ein wahres Paradies für Surfer. Und das Wasser ist so klar und sauber, dass man gar nicht wieder an Land gehen möchte!

INSIDER-TIPP
Optimale Windbedingungen

AUF EINEN BLICK

10,5 Mio.
Einwohner

Griechenland: 10,7 Mio.

2,9
Personen leben durchschnittlich in einem Haushalt in İzmir
Berlin: 2 Personen

2000 km
Küstenlänge

Küstenlänge Nordsee und Ostsee in D: 1200 km

4,2 Mio.
Einwohner hat İzmir, die größte Stadt der Westküste

Berlin: 3,8 Mio.

DIE GRIECHISCHE INSEL SAMOS IST NUR
1,6 km
von der Küste vor Kuşadası entfernt

BILDUNG:
40 %
der jungen Leute in İzmir haben einen Hochschulabschluss

6 UNESCO-WELTERBESTÄTTEN

von insgesamt 18 in der Türkei liegen an der Westküste: Vier antike Stätten, eine Moschee und ein Weltnaturerbe

BESTER REISEMONAT
SEPTEMBER

MEISTBESUCHTE STÄTTE

Das antike Ephesos

BERÜHMTESTE PERSON:
HOMER – LEBTE IM ALTEN İZMIR

DIE TÜRKISCHE WESTKÜSTE VERSTEHEN

BUDDELARBEITEN

Wo man auch gräbt, stößt man auf alte Steine. Die Ägäis ist tatsächlich eine Wiege der Zivilisation. Und das meiste, was von der hellenistischen Zeit übrig blieb, befindet sich nicht im heutigen Griechenland, sondern in Westanatolien – freigelegte Theater, prächtige Tempel, erstaunliche Grabungshügel, wohin man blickt. Antike Stätten werden gut bewacht und sind für Besucher zugänglich.

Seit dem 19. Jh. gibt es Ausgrabungen an der ägäischen Küste Anatoliens. Nachdem die verschuldeten osmanischen Sultane ganze Tempel und Tore für symbolische Preise abtransportieren ließen und manches Stück illegal die Grenzen passierte, versucht Ankara heute seine antiken Schätze zurückzubekommen. Prominentestes Beispiel ist der Pergamonaltar, der sich seit rund 100 Jahren im Berliner Pergamonmuseum befindet.

In den Ausgrabungsstätten arbeiten überwiegend französische und deutsche Archäologen, das Deutsche Archäologische Institut hat eine Niederlassung in İstanbul. Weltweit bekannt ist das antike Troja, das seit 1878 erforscht wird. Der deutsche Ingenieur Carl Humann war bei Bauarbeiten zufällig auf die antiken Steine gestoßen. Die ersten Grabungen hatten das Ziel, die Reliefs des großen Altars zu bergen. Nachdem dort lange Zeit deutsche Teams auf den Spuren Homers geforscht haben, wurden die Arbeiten an der Grabungsstätte in jüngster Zeit von türkischen Archäologen übernommen. Als Besucherhighlight wurde vor Ort ein Museum errichtet.

130 km südlich von İzmir liegt das antike Didyma (heute Didim), wo im 19. Jh. britische und französische Archäologen gruben und forschten. Der deutsche Theodor Wiegand arbeitete im Auftrag der Preußischen Museen von 1905 bis 1913 mit zahlreichen Helfern; ihm gelang die Freilegung des gesamten Areals. Noch immer wird hier, in der Nähe des Grenzverlaufs der antiken Landschaften Ionien und Karien, emsig gearbeitet.

GRÜNDERVATER

Seine Büsten und Statuen sind inflationär über das Land verteilt – so hätte er es sich niemals gewünscht. Mustafa Kemal aus Thessaloniki, erfolgreicher türkischer General im Ersten Weltkrieg und danach Anführer des Befreiungskrieges gegen die Besatzungsmächte, wurde 1923 nach Gründung der Republik zum ersten Staatspräsidenten gewählt und später vom Parlament mit dem Ehrentitel „Atatürk" (Ahne der Türken) versehen. Atatürk führte das marode osmanische Reich in eine westlich-modern orientierte, säkulare Gesellschaft und verbannte den Islam in die individuelle Privatsphäre. Von seinen Anhängern wird er bis heute für diese Kulturrevolution verehrt, doch die islamisch orientierte AKP-Regierung versucht seit 2002 viele der Atatürk'schen Reformen, insbesondere die Trennung von Staat und Religion, wieder rückgängig

Stolzer Blick des ersten Staatspräsidenten: Statue des Nationalhelden „Atatürk"

zu machen. Der gescheiterte Putschversuch der Armee im Sommer 2016 hat diese Entwicklung noch beschleunigt. Auch die Rolle der Frau, die bereits in den 1930er-Jahren gleichberechtigt und in vollem Umfang wahlberechtigt war, gerät angesichts der Re-Islamisierung unter Druck. Der Republikgründer starb am 10. November 1938, er wurde nur 57 Jahre alt.

BLAUMACHEN

Schon mal den Urlaub auf einer Holzyacht verbracht? Eine typische „Blaue Reise" dauert eine Woche und startet im Hafen von Marmaris oder Bodrum in der südlichen Ägäis. Der Proviant wird von der Charterfirma bereitgestellt, alkoholische Getränke müssen sich die Passagiere im Supermarkt selbst besorgen. Ein Koch serviert dreimal am Tag mehrgängige Mahlzeiten. Der Kapitän fährt das Boot auf einer festen Route, an einem oder zwei Tagen setzt er die Segel, ansonsten kommt meist der Motor zum Einsatz. Zur Übernachtung und zum Schwimmen bzw. für kleine Touren ins Hinterland wird nachmittags in schönen Buchten geankert. Unterwegs gibt es häufig Gelegenheit, von Fischern frische Ware zu bekommen. Auf dem Boot herrschen die ungeschriebenen Regeln der Toleranz und Gelassenheit. Laute Musik, Streitigkei-

So reichhaltig wie auf dem Markt von İzmir ist das Fischangebot nicht immer

ten und zu Eifersucht führende, unangemessene Verhaltensweisen sind verpönt! Anfangs, vor 30 oder 40 Jahren, mieteten immer geschlossene Gruppen ein Boot und blieben an Bord unter sich. Heute werden die Kabinen häufig einzeln angeboten, sodass man sich zu fremden Passagieren gesellt, was in der Regel gut klappt. Die goldene Regel der „Blauen Reise" lautet: „Take it easy and enjoy!"

FISCHGRÜNDE

Die Sardine ist eine von 500 verschiedenen Fischarten, die Wissenschaftler in den Meeren um die anatolische Halbinsel herum zählen. Aber wo bleiben sie nur? Wer an die Ägäis reist, wird sich über das relativ karge Angebot an Meeresgetier wundern, über die Preise in den Restaurants noch mehr. Das hat damit zu tun, dass die Ägäis über Jahrzehnte hemmungslos leergefischt wurde. Mit schädlichen und schändlichen Methoden wie der Dynamitfischerei wurden ganze Laichgründe zerstört. Hetute besteht von Juni bis September Fangverbot und 70 Prozent des Fangs bleiben zudem in griechischer Hand.

Neben der Sardine ist der *çupra* – ein großer, rundlicher Barsch mit köstlichem weißem Fleisch – der beliebteste Grillfisch. In Ayvalık gibt es die *papalina*, eine Verwandte der Sardelle *(hamsi)* aus dem Schwarzmeergebiet. Sie ist so klein, dass man sie samt Gräten essen kann. Überhaupt machen kleine Fische wie *hamsi, sardalya* (Sardine) und *istavrit* (Makrele) rund die Hälfte des Fangs in türkischen Gewässern aus. Größere Fische wie *lüfer*

(Blaubarsch), *palamut* (Bonito), *levrek* (Seebarsch) oder *orkinos* (Thunfisch), der Riese des Mittelmeers, sind seltener. Gelegentlich werden auch Katzenhaie gefangen.

GRENZGEBIET

Jahrhundertelang gehörte die Ägäis zum Byzantinischen Reich, bis im 15. Jh. die Osmanen ihre Eroberungszüge begannen. Dann wurde Hellas Teil des Osmanischen Reichs. Davon zeugen heute die gemeinsame Küche und die vielen kulturellen Parallelen. Die Griechen kämpften von 1821 bis 1829 erfolgreich um ihre Unabhängigkeit. Nach der Gründung der Türkischen Republik einhundert Jahre später wurde ein Bevölkerungsaustausch vereinbart, der hunderttausende Menschen auf beiden Seiten entwurzelt hat. Nachdem Griechenland 1981 EU-Mitglied und 2001 Teil der Eurozone wurde, war die Ägäis für Türken fast unpassierbar. Heute bekommen sie bei der Überfahrt zu den griechischen Inseln ein einfaches Visum, was den Urlaubsverkehr vereinfacht. Man kommt sich fühlbar näher. Nur führt die andauernde Flüchtlingsfrage zu verstärkten Kontrollen an der Grenze.

VOLKSSPORT

Eines der sportlichen Highlights an der Ägäisküste ist das berühmte Kamelringen – eine alte Nomadentradition. Allen voran ist Selçuk dafür bekannt, aber auch in anderen Gemeinden finden entsprechende Events statt. Das Ganze ist eine Mischung aus Folklore und Sportveranstaltung und stellt für die lokale Bevöl-

KLISCHEE KISTE

ANMACHE

„Als Frau allein in die Türkei … geht gar nicht! Man wird überall angemacht und kann nirgendwo ohne Begleitung hingehen!" Tatsächlich ist Anmache vorprogrammiert, wenn man als Frau nachts allein durch die Kneipenviertel der Touristenzentren zieht. Ansonsten aber unterscheidet sich gerade die türkische Westküste kaum von Griechenland, Italien oder Spanien. Frauen sind überall in der Öffentlichkeit präsent, İzmir ist eine weltoffene Stadt und man sieht kaum Kopftücher. Das gilt praktisch für alle Orte an der Westküste – dennoch sollte Frau natürlich nicht zu vertrauensselig sein.

ANTIKE TRÜMMERSTÄTTEN

Noch vor einigen Jahren glich die Vielzahl antiker Stätten eher einer Trümmerwüste als einer sehenswerten Ausgrabungsstätte. Es fehlte am Geld, um die Hinterlassenschaften der Griechen und Römer zu schützen und zu erforschen. Das hat sich mittlerweile geändert. Nicht nur Ephesos, Troja und Pergamon sind erschlossen und gut gesichert, viele kleinere Ausgrabungsplätze sind von türkischen Universitäten entdeckt und konserviert worden. Der Staat hat längst gemerkt, wie wichtig dieses Erbe auch für den Tourismus ist.

kerung eine willkommene Abwechslung in den Wintermonaten dar. Auch wenn Kamele im Alltag in der Türkei keine Rolle spielen, gibt es berühmte Züchter, die mit ihren Tieren beim alljährlichen Ringkampf auftreten. Das Festival beginnt am Vortag der Kämpfe mit einem Umzug durch die Stadt. Jung und Alt säumen dann die Hauptstraßen von Selçuk und beobachten die Karawane der bunt geschmückten Tiere, die in Wahrheit eine Kreuzung aus Dromedaren und Kamelen sind. Die Ringkämpfe selbst sind glücklicherweise eine recht zivile Angelegenheit. Die Kamele legen ihre Hälse übereinander und schieben und drücken, bis eins von beiden in die Knie geht.

Zwar haben verschiedene Tierschutzgruppen wiederholt gefordert, diese Veranstaltungen zu untersagen, da das Tierschutzgesetz es verbietet, Tiere gegeneinander kämpfen zu lassen. Als „gewaltfreie Folkloreveranstaltung" sind sie dennoch erlaubt. Schon weil die Kamele sehr kostspielig sind, achten die Trainer sehr darauf, dass sich keines verletzt. Zudem werden sie von Tierärzten betreut.

WERTVOLLE FRÜCHTE

Seit fast 3000 Jahren werden an der Küste Olivenbäume gezüchtet und Wein kultiviert. Die Türkei gehört mit mehr als 150 Mio. Olivenbäumen zu den fünf wichtigsten Olivenproduzenten weltweit. Der Baum wächst mühsam und langsam, lebt dafür aber auch sehr lange und gibt alle zwei Jahre 15 bis 20 kg Früchte. Im Schnitt gewinnt man aus 5 kg Oliven 1 l Öl, ein Baum gibt also alle zwei Jahre 3–4 l Olivenöl. Geerntet wird im Winter, danach werden die Früchte in einer der traditionellen Ölmanufakturen weiterverarbeitet. Viele davon gibt es im und um das Ägäisstädtchen *Ayvalık* (s. S. 55). Du kannst sie z. T. besichtigen, dort das Öl probieren und günstig kaufen.

Anders als die stetig wachsende Ölproduktion hat der Weinanbau an der türkischen Ägäisküste mit dem Bevölkerungsaustausch zwischen Griechen und Türken in den 1920er-Jahren einen enormen Einbruch erlitten. Die türkischen Bauern vom Balkan, die statt der Griechen an der Ägäis angesiedelten wurden, ließen die meisten Rebstöcke verwildern. Erst in den letzten Jahrzehnten hat sich an der Nordägäis, vor allem auf der Insel Bozcaada, wieder ein reger Weinanbau entwickelt – die Corvus-Weine der Insel sind preisgekrönt. Die Marmaraküste südwestlich von İstanbul und Südostanatolien gehören zu den weiteren Hauptanbaugebieten. Der Entwicklung der Winzerei stehen allerdings die hohen Alkoholsteuern im Wege; im Restaurant kostet ein Glas Wein ca 5 Euro. Gute türkische Weine sind Doluca Antik, Corvus, Kayra, Sevilen und Kavaklidere.

KLIMAFRAGE

Heftige Gewitter, ungewöhnlich milde Herbstmonate, Wirbelstürme: Der Klimawandel macht sich auch an der Ägäis bemerkbar. Der Regen ist stärker als früher, zieht aber auch schneller vorbei. Die Waldbrandgefahr ist immer akut, das Meereswasser wird wärmer.

Olivenhain mit Klatschmohn: Monet hätte hier sofort den Pinsel gezückt

Die Menschen reagieren auf die damit verbundenen Herausforderungen mit neuen Konzepten im Tourismusgeschäft. Gerade an der Ägäis, wo große Hotelanlagen fehlen, setzt man mehr und mehr auf sanften bzw. Ökotourismus. So z.B. können Reisende in Blockhütten auf dem Berg Ida (Kazdağları) wohnen, an Yogakursen teilnehmen oder die Zutaten für das Frühstück selbst im Garten pflücken. Auf der Insel Bozcaada darf man im Herbst bei der Weinernte mitmachen. Und in Bergama betreiben Ökoinitiativen nachhaltige und umweltbewusste Campingplätze. Eines der schönsten Gebiete für alternative Urlaubsreisen an der Ägäis ist der südlich von Ephesos gelegene Bafa-See. Schlichte Pensionen dienen als Ausgangsbasis für mehrtägige Wanderungen in das Latmos-Gebirge mitsamt ortskundigen Tourguides und teilweise Eseln als Gepäckträger.

INSIDER-TIPP
Klimaneutral urlauben

JUNGBRUNNEN

Aufgrund vulkanischer Aktivitäten häufen sich natürliche Thermalquellen in der Westtürkei wie auch auf den griechischen Inseln. Von Bursa im Süden İstanbuls bis hin nach Fethiye gibt es zahlreiche mineralhaltige, gesunde Quellen, um die herum Bäder und Thermalhotels entstanden sind. Die bekanntesten befinden sich in *Pamukkale* (s.S. 120) und *Çeşme* (s.S. 82). Schon die antiken Anatolier schworen auf die verjüngende Wirkung der Mineralquellen. Und auch heute schätzen Reisende diese Wohltat für Körper und Seele, in Verbindung mit Oliven- und Lavendelseifen der Ägäis und ätherischen Ölen.

ESSEN SHOPPEN SPORT

Beliebte Treffpunkte für alle, die eine Pause brauchen: die Cafés in İzmir

ESSEN & TRINKEN

Olivenöl, Gemüse und Fisch sind die drei Hauptzutaten der Region. Das Frühstück kommt für mitteleuropäischen Geschmack etwas zu kurz. Dafür isst man zweimal am Tag warm. Für den Hunger zwischendurch bieten sich Cafés und einfache Tageslokale *(lokanta)* an, in denen man aus einem kleinen Angebot an Hausmannskost seinen Teller zusammenstellt. Ausgiebig und lang wird abends gegessen – und vor allem sehr gut!

GUTEN MORGEN!

Ob Hotel oder Café – das türkische Frühstück ist überall gleich: Schafskäse *(beyaz peynir)*, *kaschar* (eine Art Gouda), schwarze und grüne Oliven, Knoblauchwurst *(sucuk)*, Salami, Fruchtmarmeladen sowie Honig und Eier bilden den Grundstock. Dazu wird Weißbrot gegessen. In Ferienanlagen findest du ein reichhaltigeres Büfett. Dort werden dann auch Omelette, gebratene Würstchen, Pasteten mit unterschiedlichen Füllungen sowie Müsli & Co angeboten.

MITTAGSTISCH IM LOKANTA

INSIDER-TIPP
Auch bei Einheimischen beliebt

Sie verstecken sich meist im Basarviertel und in den Seitenstraßen: die kleinen Tageslokale, die dein Budget ungemein entlasten und trotzdem eine gute Auswahl bieten! Oft sind es Familienbetriebe – die Mama kocht und der Mann serviert. Auf Wärmeplatten sind die Tagesgerichte zu sehen: Gemüseeintopf mit Fleisch *(etli türlü)*, fleischlose Gerichte *(zeytinyagli)*, weiße Bohnen *(kuru fasulye)* und dazu Reis und Ofennudeln. Du kannst dir nur ein Gericht oder von allem etwas aussuchen. Kostenpunkt: nicht mehr als 5 Euro. Den Tee gibt es oft gratis dazu.

Typisch türkisch: Börek (li.) und schwarzer Tee (re.) im Glas

WAS ESSEN DIE ÄGÄER?

Nördlich von İzmir, wo der Tourismus noch nicht alles seinen Regeln unterworfen hat, wird oft noch ursprünglich gekocht. Das Meer ist die wichtigste Nahrungsquelle, der *çupra* (sprich: tschupra) der begehrteste Fisch. Gegrillt *(izgara)* schmeckt er am besten. Neben Fisch und Lammfleisch gehören Gerichte mit Kräutern und Gemüsesorten der Ägäis zu den regionalen Spezialitäten: *börülce* (dünne, grüne Bohnen), *semizotu* (eine Art Spinatgewächs) oder *kabak çiçeği* (Kürbisblüten, die mit Reis gefüllt werden) – Vegetarier kommen hier auf ihre Kosten.

Sei es im Norden in Çanakkale, weiter südlich in Ayvalık oder in Foça bei İzmir: Frittierte Calamares *(kalamar)*, Tintenfischsalat *(ahtapot salatası)*, *papalina* (winzige, sardellenähnliche Fische) oder auch Hummerkrabben *(jumbo karides, böcek)* und Hummer *(istakoz)* werden täglich frisch serviert. Frischen Fisch erkennst du übrigens an den tiefschwarzen Pupillen, in denen kein weißer Punkt oder Grauschleier sichtbar sein darf.

ANTIPASTI, DIE SATT MACHEN

Die kleinen Vorspeisenteller *(meze)* sind ein unverzichtbarer Teil des türkischen Essens. Erst kommen die kalten Vorspeisen *(soğuk mezeler)* wie Auberginensalat *(patlıcan salata)*, gebratene Leber *(arnavut ciğeri)*, Tscherkessenhuhn *(çerkez tavuğu)* oder scharf gewürzte Tomatenpaste *(acı sos)*. Auch Tintenfischsalate in verschiedenen Variationen und eingelegte Sardinen *(hamsi)* zählen dazu. Dann geht man zu den warmen Vorspeisen über, wie mit Schafskäse gefüllte Blätterteigrollen *(sigara böreği)*, Calamares *(kalamar)* oder Shrimps aus dem Tontopf *(karides güveç)*. Ein ebenso köstlicher Bestandteil der ägäischen Küche sind Salate *(ot salatası)* mit Rucola *(roka)*

Çoban salata: Hirtensalat mit Tomaten, Gurken, Oliven

und anderen Salatpflanzen, die auf den Hügeln im Hinterland wachsen und mit gutem Olivenöl verfeinert werden. Lecker ist auch die Variante aus dem Meer: Der Meeresbohnensalat *(deniz börülcesi)* wird mit Seegras zubereitet.

ZART GEGRILLT ODER AM SPIESS

Wer Fleisch bevorzugt, findet auf der Speisekarte meist gegrilltes, sehr zartes Lammfleisch *(ızgara)*. Daneben gibt es Lammkoteletts *(pirzola)* und -steaks *(külbastı)*, Lamm am Spieß *(kuzu çevirme)*, den berühmten Schaschlik *(çöp şiş)*, Hackfleischbällchen *(köfte)* oder Grillteller *(karışık ızgara)*. Als Beilage bekommst du Reis *(pilav)* und Pommes frites *(patates tava)*. Jedoch ist Fleisch im Schnitt in der Türkei teurer als im EU-Gebiet.

Zu Fleisch gesellt sich im Land gern der Joghurt: auf Reis und zu Gemüse, als Zaziki *(cacık)* verarbeitet oder als leicht gesalzenes Getränk *(ayran)*. Den Döner wirst du in Form eines *iskender kebap* – nämlich auf Fladenbrot, mit Butter, Tomatensauce und Joghurt übergossen – kaum wiedererkennen!

NACHTISCH UND KAFFEE

Nach dem Hauptgang isst man wegen der Hitze oft nur frisches Obst *(meyva)*. Schwere Desserts wie *baklava* (feine Blätterteigpastete) hebt man sich für kühle Abendstunden auf. *Sıcak helva* ist eine Ausnahme: Der köstliche überbackene türkische Honig, eine warme Nachspeise, wird längst nicht mehr nur auf der Bodrum-Halbinsel serviert. Ein gutes Essen beendet man mit einem Mokka – ohne Zucker *(sade)*, mit wenig Zucker *(az)*, mittelsüß *(orta)* oder sehr süß *(şekerli)*.

MIT UND OHNE ALKOHOL

Und was trinkt man zum Essen? Ein gutes Efes Pilsener. Aber auch ausländische Biermarken sind oft zu haben. Wein *(şarap)* sollte man der Kosten halber lieber flaschenweise bestellen. Du hast nicht nur die Wahl zwischen *beyaz* (weiß) und *kirmizi* (rot), es gibt auch verschiedene einheimische Marken. Erwarte kein französisches Niveau – und wenn dir die Kostprobe nicht schmeckt, sag es ruhig! Die Türken trinken meist den Anisschnaps *Rakı* (45–50 Vol.%) zum Abendessen – er kommt mit Eis und kaltem Wasser und wird eigenhändig verdünnt. Das Tafelwasser mit *(soda)* oder ohne Kohlensäure *(su)* musst du extra bestellen. Außerdem gibt es schwarzen Tee *(çay)* zwischen den Mahlzeiten – im Kaffeehaus und auch sonst überall.

Unsere Empfehlung heute

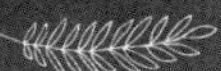

Vorspeisen

ARNAVUT CIĞERI
Scharf angebratene, sehr zarte Lammleberstückchen

ÇERKEZ TAVUĞU
Brustfleisch vom Huhn, mit Walnüssen, Mehl und anderen Zutaten zu einer Paste gemixt

MIDYE DOLMASI
Miesmuscheln mit Reis, Rosinen, Pinienkernen und Dill gefüllt

ÇOBAN SALATA
Hirtensalat mit Tomaten, Gurken, Paprika, Frühlingszwiebeln, Oliven

Hauptgerichte

BÖREK
Teigwaren aus dem Ofen mit Füllungen aus Spinat, Gehacktem, Käse oder Gemüse

IMAM BAYILDI
Lauwarmes Auberginengericht mit Knoblauch und Tomaten

BALIK BUĞULAMA
Fisch im Gemüsebett aus dem Ofen mit köstlichem Sud

Desserts

IRMIK HELVASI
Aus Grieß zubereiteter Nachtisch mit gerösteten Pistazien und Eiscreme

MEYVE
Saisonales, frisches Obst, geschält, entkernt und mundgerecht serviert

BAKLAVA
Gebäck aus Blätterteig, mit Walnuss, Pistazien oder Sahne gefüllt und mit Zuckersirup übergossen

Getränke

AYRAN
Erfrischendes Joghurtgetränk mit Salz

MOKKA
Türkischer Kaffee

EFES PILSEN
Bier der beliebtesten türkischen Brauerei, hell, untergärig

RAKI
Hochprozentiger Anisschnaps

SHOPPEN & STÖBERN

ECHT JETZT?

Schönes zu guten Preisen – Stoffe, Teppiche, Lederwaren, Keramik, Goldschmuck – und alles in Handarbeit angefertigt? Nicht immer, denn Billigware aus China gibt es auch an der weniger touristischen Ägäisküste. Man muss schon genau hinsehen, um Fake von echter Handarbeit zu unterscheiden. Auch gefälschte Markenware überschwemmt die Läden. Achtung! Diese in das EU-Gebiet einzuführen, ist verboten.

VOM WEBSTUHL

Kelims und Teppiche sind wertvolle Handarbeitsware. Im Hinterland der Ägäis kannst du sie in jeder Größe erwerben – halb so teuer wie in İstanbul oder Antalya. Im Norden von Bergama (Pergamon) liegt auf 500 m Höhe das Dorf *Kozak*, wo du direkt vom Hersteller kaufen kannst (s. S. 64). Gute Kelims (gewebte dünne Läufer, aber auch größere Teile aus Schaf- oder Ziegenwolle) gibt es auch im Hinterland von Marmaris, auf den Bergen, und in den Dörfern *Aşağı* und *Yukarı Mazı* bei Bodrum. Beachte: Je dichter die Knoten, desto sauberer das Muster und teurer der Teppich.

BESTSELLER

Die touristischen Topseller Leder und Schmuck bekommst du überall: sowohl in den Läden der Ortszentren als auch an den Landstraßen oder in den Marinas von Bodrum, Marmaris oder Çeşme. Hier gilt die Regel: Gutes Leder ist immer weich und sieht sauber aus. Es werden sogar Sommerkleider daraus geschneidert. Feilschen ist erlaubt – fang mit ca. zwei Drittel des angegebenen Preises an – am Ende kannst du bei ungefähr 80 Prozent des Ausgangspreises landen.

Bei Schmuck ist die Verhandlungsmarge nicht so groß, denn der Gold-

Getöpfertes bekommst du in Kuşadası (li.) – oder soll es lieber etwas Gewebtes (re.) sein?

preis richtet sich nach dem Tageskurs an der Börse. Ob Silber oder Gold – der Schmuck wird stets gewogen. Gold gibt es 22-karätig (22 *ayar:* sattgelb, fast rötlich), 18-, 16- und 14-karätig (immer heller) und in Verbindung mit Silber *(gümüş)* oder Platin *(platin)*.

MARKTGESTÖBER

An der Küste und in den Dörfern des Hinterlandes findest du zweierlei Märkte: Die einen sind „konstant" *(sabit pazar)* auf einen Distrikt beschränkt und bieten von Obst und Gemüse bis hin zu Badesandalen alles, was der Urlauber kurzfristig braucht. Auf den Wochenmärkten *(haftalik pazar)* hingegen verkaufen die Dorfbewohner ihre Produkte nur an einem Tag. Es gibt frische Kräuter wie Salbei, Thymian, Basilikum und Melisse, aber auch von den Bäuerinnen selbst gefertigte Spitzen und Häkeleien. Schön bestickte weiße Baumwollstoffe sind eine Spezialität Westanatoliens.

INSIDER-TIPP
Begehrte Pflanzen

Der Berg Ida (Kazdağı) ist übrigens für Heilkräuter berühmt – im Frühling und Sommer kommen Scharen von Städtern, um sie selbst zu pflücken. Wochenmärkte gibt es z. B. montags in Burhaniye, mittwochs in Edremit am Golf, donnerstags in Ayvalık und Bodrum, freitags in Marmaris, Havran bei Küçükkuyu und Ayvacik, samstags in Çeşme und Altınoluk.

TON, STEINE & SCHWÄMME

Ob Pfeifen aus Meerschaum, Kettenanhänger aus Jade und Onyx oder wertvolle Naturschwämme aus den Tiefen der Ägäis: Liebhaber natürlicher Materialien kommen hier auf ihre Kosten. In den Basarvierteln von Bodrum oder Marmaris findest du auch Geschäfte mit Naturseifen und -kosmetik sowie Duftölen der Region.

SPORT

Die türkische Ägäisküste eignet sich hervorragend zum Wandern, Radfahren und für alle Arten von Wassersport. Die Temperaturen sind nicht so hoch wie im Süden der Türkei, und der Wind sorgt immer für eine willkommene Erfrischung. In der Regel beginnt der erfrischende Imbat-Wind nachmittags. Gerade auf den Inseln Bozcaada und Gökçeada in der Nordägäis findest du sehr gute Gegebenheiten für Fahrradtouren und Wanderungen in der relativen Einsamkeit. Wer steilere Hänge nicht scheut, wird die Gegend um den Golf von Edremit, vor allem den Berg Ida (Kazdağı) mögen. Die Halbinsel Çeşme vor İzmir ist gut zum Schnorcheln und Schwimmen.

BIKING

An der Meerespromenade von İzmir und zu den nahe gelegenen Städten Foça, Urla, Karaburun, Seferihisar und Ahmetbeyli kannst du schöne Touren unternehmen. Die Route von Yenifoça nach Eski Foça führt am Meer entlang, ist entspannt und bietet herrliche Aussichten. Die Karaburun-Halbinsel ist verkehrsarm und voller einsamer Buchten – perfekt für ausgedehnte Touren. Wer von İzmir aus ins östliche Hinterland will, braucht Ausdauer, denn hier geht es teilweise ziemlich steil bergauf.

Eine gute Adresse für Leihräder (auch E-Bikes) in İzmir ist *Martı Bisiklet (Mansuroğlu Mah. Ankara Cad. 123/B | Bayraklı | Tel. 050 63 62 26 20 | martibisiklet.com)*. Wer länger als einen Tag in İzmir bleibt, kann sich beim städtischen Verleih *Bisim (bisim.com.tr)* registrieren und an vielen Punkten ein Rad ausleihen.

In Bodrum gibt es eine begeisterte Rad-Community, die unter dem Vereinsnamen *Bodrum Bisiklet Klubü (Tel.*

Wenn der Wind ordentlich schiebt: Seglerträume in der Bucht von Marmaris

0532 5 00 50 35) organisiert ist. Der Begründer und professionelle Tourguide Nihat Gencosman kann dir deutschsprachige Auskunft geben. Bei ihm kannst du auch ein Rad mieten oder geführte Touren buchen. Verleih und Service bietet ebenfalls *Bodrum Bisiklet (Türkkuyusu Kıbrıs Şehitleri Cad. 79 | Tel. 0252 3 13 00 88 | bodrumbisiklet.org).*
Routenkarten und Empfehlungen für kurze und lange Radstrecken in und um Marmaris findest du auf *bikemap.net (auch als App).* Verschiedene Routen führen von Marmaris aus bis nach Bozburun.

KAJAK

Sehr beliebte Urlaubsbeschäftigung: Einzeln oder zu zweit in einem Kajak sitzend, paddelt man in Ufernähe an der Küste entlang oder auf den Flüssen der Region. Viele Beachclubs und Hotels verleihen Boote. Die schönsten Touren machst du im Gökova-Golf bei Marmaris, oder in den umliegenden kleinen Flüssen z. B. im ruhigen *Kadın Azmağı*. Zwischen den Buchten Akyaka und Çınar gibt es schöne zum Paddeln geeignete Strände und kleine, kühle Bäche. Wenn du die Gelegenheit hast, mach eine Tagestour zum Kleopatra-Strand auf der Insel *Sedir Adası*. Mit Glück begegnest du im Kajak sogar Delphinen und Meeresschildkröten. Die werden nämlich in der Ägäis immer häufiger gesichtet.

INSIDER-TIPP
Besondere Begegnungen

Die Preise für die geführten Touren variieren je nach Dauer zwischen 20 und 45 Euro pro Person. Oder du buchst gleich eine einwöchige Tour von Datça nach Bozburun und zurück (245 Euro pro Person) bei *Alternatif Outdoor (Şirinyer Mah., 133. Sok. 10/1 | Marmaris | Tel. 0252 4 17 27 20 | alternatifoutdoor.com).*

RAFTING

Der *Dalaman* bei Marmaris gehört zu den besten Raftingstrecken im Mittelmeerraum. Von April bis Oktober werden dort täglich mehrstündige Touren (40–45 Euro) und an den meisten Wochenenden Touren mit Übernachtung (90 Euro) angeboten. Die Veranstalter übernehmen den Transfer von der Unterkunft zum Startpunkt. Bei *Dalyan Trophy (Pirinçler Sok. 1 | Dalyan | Tel. 0543 5 42 42 48 | dalyantrophy.com)* ist eine rechtzeitige Buchung vorab notwendig. Die professionelle Agentur organisiert auch verschiedene Bootstouren in Dalyan, Göcek, Ekincik, Köyceğiz und Kargıcak in der Umgebung. Ebenfalls stehen Jeep-, Tauch- oder Angeltrips auf dem Programm des Anbieters.

Wenn du bereits vor Ort in Marmaris, bist, kannst du deine Raftingtour bei *Excursion Marmaris (im Supermarkt 3M Migros | Armutalan Mah. Cumhuriyet Blv. 10/4 | Tel. 0532 1 53 88 98)* buchen. Ein Anbieter in Bodrum ist *Bodrum Tour (Çarşı Mah. Üçkuyular Cad. 7B | Tel. 0533 4 21 86 53 | bodrumtour.com)*.

SURFEN

Gute und beliebte Surfreviere sind die Gümbet-Bucht auf der Bodrum-Halbinsel und der Golf von Gökova. Der Strand von *Alaçatı* bei Çeşme vor İzmir hat sich zum Windsurf-Zentrum entwickelt. Beliebt ist hier die Windsurfschule der mehrfachen türkischen Meisterin Çağla Kubat *(Çağla Kubat Windsurf | Alaçatı Yelken Kulübü, gegenüber dem Hafen | Alaçatı | caglakubatwindsurf.com)*.

Bei Bodrum, am Strand von Fener zwischen den Buchten Turgutreis und Akyarlar, ist es weniger überlaufen: *Fener Windsurf (Atatürk Cad. 4278 Sokak 23 | Bodrum | fenerwindsurf.com)*. Im Golf von Gökova bei Marmaris ist die Bucht von Akyaka zum Surfen gut geeignet; das *Gökova Yücelen Hotel (Tel. 0252 2 43 51 08 | gokovayucelen.com | €€)* ist mit Verleihservice und Surfstunden darauf ausgerichtet. Bei Datça liegt das *Surf & Beach Hotel Flow (Kızlanalti Kösekesik Mevkii | Tel. 0252 7 22 05 12 | flowdatca.com)*, wo du Bretter ausleihen und Kurse belegen kannst.

TAUCHEN

Die ganze Ägäis ist ein tolles Tauchrevier. Am Golf von Saros und an den Dardanellen liegen 216 Schiffswracks auf dem Meeresgrund (in 16–61 m Tiefe), die es zu entdecken gilt. Im unberührten Golf von Saros finden sich herrliche Riffe und eine reiche Unterwasserfauna. Eine Anlaufstelle ist das *Tauchzentrum von Engin Gürfiliz (Mecidiye | İbrice Limanı | Saroz Körfezi | Tel. 0532 4 25 83 63 und 0532 3 10 07 10)* mit gut ausgestattetem Boot; CMAS, PADI.

INSIDER-TIPP
Absolute Ruhe

Weiter südlich in Ayvalık bieten sich Inseln wie *Kız Adası* und die *Deli Mehmet Taşları* zum Tauchen an. z. B. mit *Körfez Diving Center (Atatürk Bulvarı | Özaral Pasajı 61/A 7 | Ayvalık | Tel. 0532 2 66 35 89 und 0544 4 28 87 33 | korfezdivingcenter.com)*. In Bodrum zieht es Tauchsportler zu den Inseln Kargı und Orak, ein Anbieter hier:

Happy Bubbles Dive Center (Club Flora Hotel in Gümbet, Dayilar Sok. 1 | Bodrum | Tel. 0532 5 97 73 86 | happybubbles.com).
In der Umgebung der Datça-Halbinsel kannst du unter Wasser auf Delfine, Muränen, Robben und Haie treffen. Die Tauchbasis vor Ort heißt *Datça Reef Diving (Iskele Mah. Yat Liman Sokak | datcareefdiving.com).* Mehr Infos unter *tauchbasen.net; taucher.net.*

WANDERN

Entlang der Ägäisküste und im Hinterland kannst du dich wunderbar auf Trekking- oder Wandertour begeben. Das gilt vor allem für die Kazdağları, die Inseln Bozcaada und Gökçeada sowie den Süden, wo der Karische Wanderweg lockt – die längste Route des Landes mit insgesamt 850 km. Für einen sehr lohnenden Abschnitt am Meer fliegst du am besten direkt nach Dalaman bei Marmaris. Von da aus geht es zunächst weiter mit dem Minibus nach Hisarönü und dann zu Fuß um die Halbinsel Bozburun.
Die Wanderung auf der Datça-Halbinsel mit ihren wunderbaren Stränden bietet abwechslungsreiche Tage mit Übernachtung in kleinen Pensionen. Ein weiteres schönes Ziel für Wanderlustige ist der antike Bafa-See im Hinterland von Bodrum. Du kannst deine Trekkingtour auch pauschal von zu Hause aus buchen; Informationen bieten dir deutschsprachige Websites wie *wandern.de.*

Schwerelos in die Vergangenheit: Wracktauchen in der Ägäis

DIE REGIONEN IM ÜBERBLICK

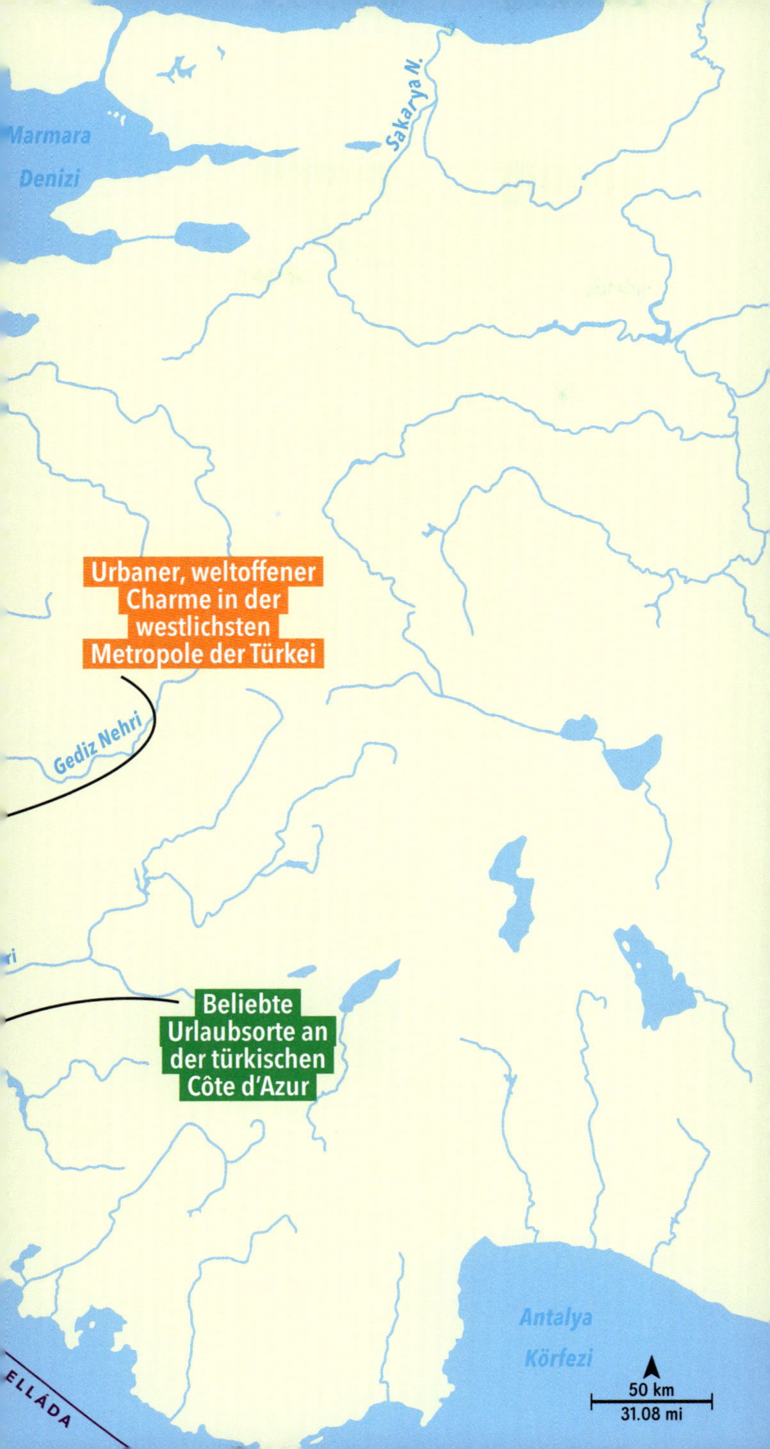
Marmara
Denizi
Sakarya N.
Urbaner, weltoffener Charme in der westlichsten Metropole der Türkei
Gediz Nehri
ri
Beliebte Urlaubsorte an der türkischen Côte d'Azur
Antalya
Körfezi
ELLÁDA
50 km
31.08 mi

NÖRDLICHE ÄGÄIS

SONNE, WIND UND VIEL ROMANTIK

Die nördliche Ägäis bietet mit Assos, Troja und Pergamon berühmte antike Stätten und viel Natur. Die griechischen Inseln sind einen Steinwurf entfernt und das Meer schier unendlich – unendlich verzaubernd!

Hier liegen die einzigen türkischen Ägäisinseln Bozcaada und Gökçeada – herrlich zum Baden, Ausgehen und Wandern. In Çanakkale mahnen unzählige Soldatengräber an den Wert des Friedens. Für Schwimmer, Taucher und Surfer ist der Golf von Saros hinter der Gal-

Seit 2500 Jahren scheint die Sonne auf den Athena-Tempel

lipoli-Halbinsel ein wahres, noch unentdecktes Paradies. Weiter südlich lädt das sagenumwobene Troja zu einer unvergesslichen Kulturreise ein. Auf dem Kazdağı (Gänseberg), dem antiken Berg Ida an der Olivenriviera kannst du wandern, Kräuter sammeln oder im Winter Ski fahren. Im kleinen Fischerhafen Assos, wo Aristoteles wirkte, kann man herrliche Sommerabende, aber auch romantische Winternächte am Kamin verbringen. Nicht zu vergessen ist Ayvalık mit dem besten Olivenöl des Landes und einer wunderbaren Altstadt.

NÖRDLICHE ÄGÄIS

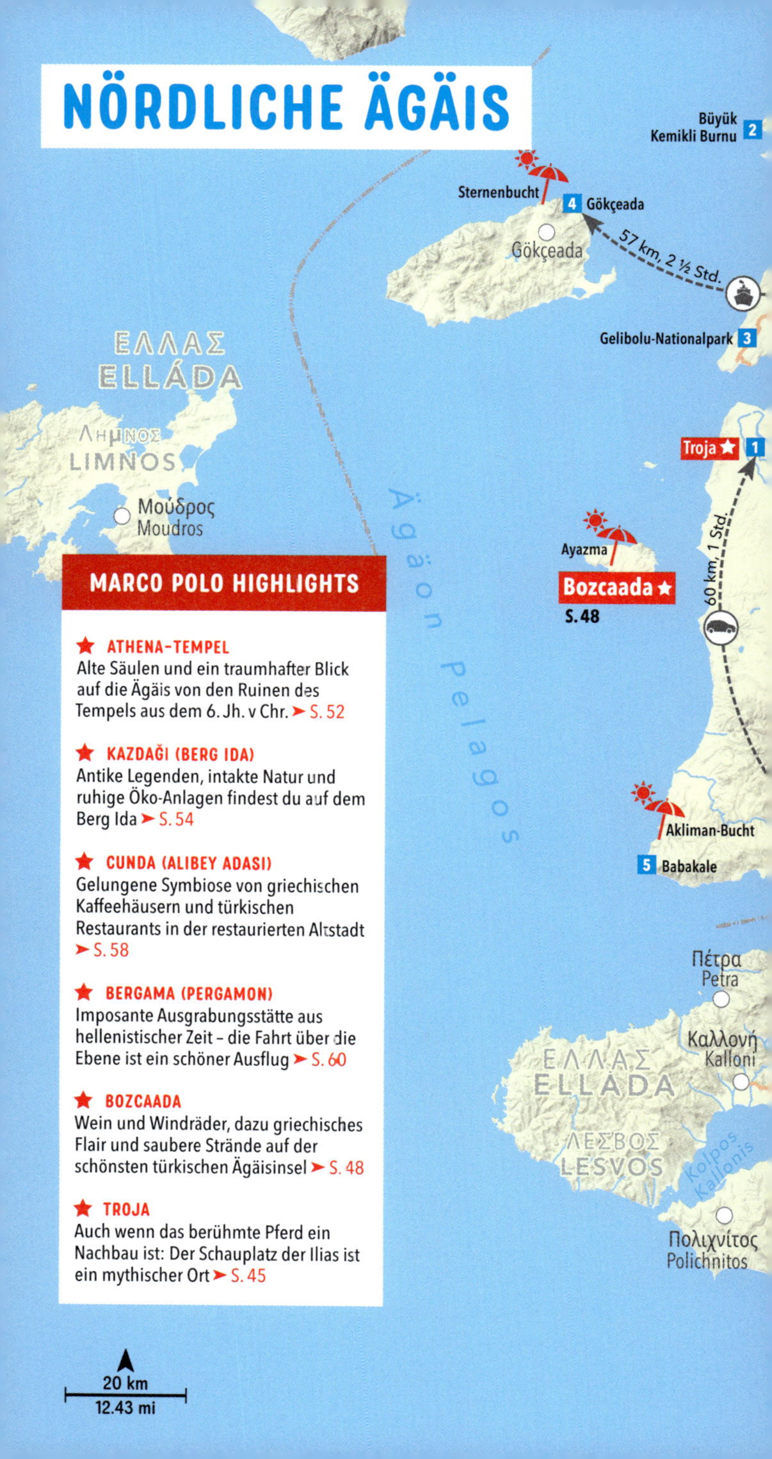

Büyük Kemikli Burnu 2
Sternenbucht
4 Gökçeada
Gökçeada
57 km, 2 ½ Std.
Gelibolu-Nationalpark 3
ΕΛΛΑΣ
ELLÁDA
ΛΗΜΝΟΣ
LIMNOS
Μούδρος
Moudros
Troja 1
Ayazma
Bozcaada
S. 48
60 km, 1 Std.
Ägäon Pelagos
Akliman-Bucht
5 Babakale
Πέτρα
Petra
Καλλονή
Kalloni
ΕΛΛΑΣ
ELLÁDA
ΛΕΣΒΟΣ
LESVOS
Kolpos Kallonis
Πολιχνίτος
Polichnitos
20 km
12.43 mi

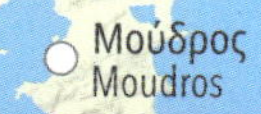

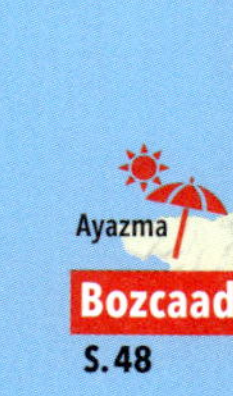

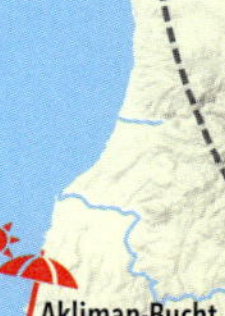

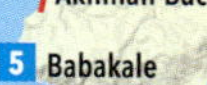

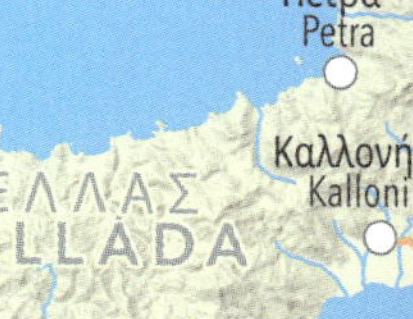

MARCO POLO HIGHLIGHTS

★ ATHENA-TEMPEL
Alte Säulen und ein traumhafter Blick auf die Ägäis von den Ruinen des Tempels aus dem 6. Jh. v Chr. ➤ S. 52

★ KAZDAĞI (BERG IDA)
Antike Legenden, intakte Natur und ruhige Öko-Anlagen findest du auf dem Berg Ida ➤ S. 54

★ CUNDA (ALIBEY ADASI)
Gelungene Symbiose von griechischen Kaffeehäusern und türkischen Restaurants in der restaurierten Altstadt ➤ S. 58

★ BERGAMA (PERGAMON)
Imposante Ausgrabungsstätte aus hellenistischer Zeit – die Fahrt über die Ebene ist ein schöner Ausflug ➤ S. 60

★ BOZCAADA
Wein und Windräder, dazu griechisches Flair und saubere Strände auf der schönsten türkischen Ägäisinsel ➤ S. 48

★ TROJA
Auch wenn das berühmte Pferd ein Nachbau ist: Der Schauplatz der Ilias ist ein mythischer Ort ➤ S. 45

GELIBOLU
Lapseki
Çanakkale Boğazı
550
E87
200
E90
Biga Çayı
Biga
Eceabat
Çanakkale
S. 42
Gönen Barajı
Çınarcık Çayı
ÇANAKKALE
210
Çan Çayı
Çan
Gönen Barajı
Yenice
TÜRKIYE
Bayramiç Barajı
Gönen Çayı
Ezine
Bayramiç
550
E87
6 Kazdaği (Berg Ida)
BALIKESIR
230 km, 3 ½ Std.
Edremit
230
Ayvacık
Havran
Tuzla Çayı
Athena-Tempel
Havran Çayı
Assos
S. 51
Burhaniye
Edremit Körfezi
Gömeç
7 Patrice
Ayvalık
S. 55
Cunda (Alibey Adasi)
8
Şeytan Sofrasi
9
Μανταμάδος
Mantamados
Sarımsaklı
İZMIR
50 km, 1 Std.
550
E87
Bergama (Pergamon)
S. 60
Αγιάσος
Agiasos
Μυτιλήνη
Mytilini
Asklepieion
10
240
Kolpos Geras
11 Dikili
Kınık
Bakır Çayı
Πλωμάρι
Plomari
12 Çandarlı
Çandarlı Körfezi
O-33
13 Aigai (Nemrut Kalesi)

ÇANAKKALE

(📖 B2) **Die größte Stadt (195 500 Ew.) an der nördlichen Ägäis liegt wie İstanbul auf zwei Kontinenten und ist ein guter Ausgangspunkt für diverse Ziele in der Umgebung wie Troja, Assos oder die Inseln Gökçeada und Bozcaada.** Erkunde die schön restaurierte Altstadt und spaziere auf der ansehnlichen Promenade entlang der berühmten Meerenge der Dardanellen, die Europa vom asiatischen Kontinent trennt. Zum Baden, Tauchen und Angeln kannst du den westlich gelegenen Golf von Saros ansteuern.

Die Dardanellen – an der engsten Stelle 1,25 km und an der weitesten 8 km breit –, waren über die Jahrtausende ein strategisch wichtiger Stützpunkt und damit stets ein heiß umkämpfter Platz. Von den Persern über die Osmanen bis zu den Kreuzrittern bauten Eroberer hier ihre Burgen, um den Zugang zum Marmarameer und damit zum Schwarzen Meer zu kontrollieren. Eine der wichtigsten Schlachten des Ersten Weltkriegs fand hier statt: 1915 versuchten die Alliierten, die Meerenge einzunehmen. An den heftigen Kämpfen waren über eine halbe Million Soldaten beteiligt. Nach elf Monaten ging die türkische Armee unter dem Kommando von Mustafa Kemal, später Atatürk, als Sieger aus der Schlacht hervor. 300 000 türkische und mehr als 200 000 Commonwealth-Soldaten wurden getötet, darunter viele Australier und Neuseeländer. Die gefallenen Kämpfer wurden auf der Gallipoli-(Gelibolu-)Halbinsel begraben. Jährlich am 25. April wird zusammen mit den Nachfahren der gefallenen Commonwealth-Soldaten *(Anzacs)* der Kämpfe gedacht. Diese Andacht im Morgengrauen ist ein Erlebnis der besonderen Art *(Anzac Day | anzac.govt.nz)*.

WOHIN ZUERST?

Zentrum von Çanakkale ist der Platz Iskele Meydani am Hafen beim **Anleger für die Fähren** *(*gut ausgeschildert: *merkez* = Zentrum; Parkplätze in den Seitenstraßen*)*. In der Hochsaison (Mai–Sept.) fahren von dort Busse nach Gelibolu zu den Kriegsdenkmalen und nach Troja. Die Çimenlik-Burg, liegt nur wenige Schritte vom Schiffsanleger entfernt.

SIGHTSEEING

SAAT KULESI (UHRENTURM)

Den vierstöckigen, 20 m hohen Turm ließ 1896 der damalige osmanische Gouverneur Cemil Pascha aus hellrotem Granit erbauen. Auf der obersten Etage befindet sich eine Glocke mit einem kuppelförmigen Zinndach. *İskele Meydanı | Am Hafen*

BURGEN VON BIGALI UND NARA

In Çanakkale gibt es aufgrund seiner strategisch wichtigen Lage zahlreiche Kastelle. Die zwei besterhaltenen stehen sich gegenüber: am asiatischen Ufer die Nara-Burg, auf der europäischen Seite die Burg von Bigalı. Beide

Früher war die Çimlenik-Burg äußerst wehrhaft – heute ist sie einfach nur noch schön

wurden 1807 in taktischer Erwägung erbaut, nachdem die britische Flotte die Meerenge der Dardanellen durchquert und İstanbul belagert hatte. Alle Burgen können preiswert mit dem Taxi angefahren werden.

ÇIMENLIK-BURG

Von der Burg schaust du auf das offene Meer. Die Festung an der schmalsten Stelle der Meerenge der Dardanellen wurde 1452 erbaut. Hier verfasste der osmanische Seefahrer und Kartograf Piri Reis zu Anfang des 15. Jhs. sein Navigationsbuch „Kitab-ı Bahriye" (Buch der Meere). Im Museumsteil *(Nusret Anit Museum)* sind seine Seekarten sowie die erstaunlichen Werke des Miniaturenmalers Matrakçı Nasuh ausgestellt, der für seinen schwarzen Humor bekannt war. *Di–So 9–12 u. 13.30–17 Uhr | Eintritt 2 Euro*

ESSEN & TRINKEN

HARMAN YERI

Großes Gartenrestaurant mit Meerblick südlich vom Hafen, im Stadtteil Kepez. Feine ägäische Küche mit viel Grün, Fisch und Fleisch zu erschwinglichen Preisen. *Tgl 9–24 Uhr | Boğazkent Mah. Atatürk Cad. Yılbaşı Sok. | Kepez | Tel. 0542 3 90 17 84 und 0286 2 63 63 24 | canakkaleharmanyeri.com | €€*

THE LONDON CAFÉ

Eigentlich ein kleines Döner-Restaurant mit klassischen türkischen Kebap-Varianten, aber auch Nudeln und Fisch stehen hier auf der Karte. Sehr guter Döner aus Rind- oder Hühnerfleisch auf Reis mit schmackhaften Salaten. *Tgl. 11–23 Uhr | Kemal Paşa Mah. | Yalı Cad. 5 | thelondonrestaurant.net | €*

In Troja kann man sich ruhig was vom Pferd erzählen lassen

YALOVA LIMAN

Das nicht ganz günstige Traditionslokal am Hafen hat eine Terrasse mit tollem Blick aufs Meer. Bekannt für seine Fischgerichte und maritime Vorspeisen wie Baby-Calamares. Vegetarier kommen mit diversen köstlichen Vorspeisen auf ihre Kosten. *Tgl. 10–0 Uhr | Gümruk Cad. 7 | Tel. 0286 2 17 10 45 | yalovarestaurant.com | €€€*

SHOPPEN

In Çanakkale kann man Keramik und Teppiche kaufen. Die Nobelmarke *Çanakkale Seramik* hat das traditionelle Handwerk verfeinert und bietet in ihrer Fabrikverkaufsstelle *Çanakkale Seramik Fabrikası (Çan | kale.com.tr)* Repliken u.a. aus dem Istanbuler Topkapı-Palast an.

Südlich vom Anleger, in der Altstadt gibt es den kleinen überdachten *Basar Aynali Çarşı* mit günstigen, schönen Souvenirs. Er wurde 1890 von der jüdischen Gemeinde der Stadt erbaut. Wer einen guten Teppich oder Kelim sucht, wird bei *Anıl Halı (Çarşı Cad. 183)* oder *Poyraz Halı (Yalı Cad. 61)* fündig.

Die Bucht von Saros ist ein idealer Angelplatz: Das Zubehör bietet der Angelladen *Lüfer (tgl. 9-23 Uhr | Yalı Cad. 20)*, wo man neben guten Angelruten auch frische Köder kaufen kann.

SPORT & SPASS

TAUCHEN

In den Dardanellen, der Ägäis und im *Golf von Saros* gibt es interessante Tauchgründe. Insgesamt 216 Schiffswracks, von denen die meisten zugänglich sind, und schöne Korallenriffe laden zu jeder Menge Entdeckungen unter Wasser ein. Spezialisiert auf Tauchtouren und Kurse in Saros und Çanakkale ist *Amfibiyum (Tel. 0532 4 51 63 91 | diving.goturkiye.com; divinggelibolu.com)* in Gelibolu.

STRÄNDE

Abgesehen von den hoteleigenen Strandabschnitten gibt es im Süden der Stadt schöne Strände *(Kepez und Güzelyalı)*. In Buchten wie der *Tuzla Koyu* im Golf von Saros findest reichlich Sandstrände. Das Wasser ist hier übrigens deutlich weniger salzig als in der südlichen Ägäis.

AUSGEHEN & FEIERN

Die Bars verteilen sich in den Straßen *Fetvane, Eski Balıkhane* und *Yalı* westlich des Uhrenturms.

DUVAR BAR

Coole Atmosphäre mit alternativem Touch. Auf dem Programm stehen türkische Indie-Musik, Live-Auftritte, Partynächte wie die „Shot-Börse", Oldiesnight mit Videoclips aus den 1980ern und 90ern oder die „Nacht der Kampus-Dinosaurier". Dazu ziemlich preiswert. *Tgl. 17.30–2 Uhr | Fetvane Sok. 23/A | Facebook: duvarbarcafe*

HAYAL KAHVESİ

Die 1992 in Istanbul gegründete, legendäre Rockkneipe hat hier einen feinen Ableger. Schön, gemütlich ist sie, und super zum Kennenlernen der lokalen Musikszene. *Tgl. 12–2 Uhr | Fetvane Sok. 6 | Tel. 0541 4 30 29 00 | hayalkahvesi.com.tr*

INSIDER-TIPP
Einfach mal abrocken!

RUND UM ÇANAKKALE

1 TROJA ★

20 km/ 25 Min. südwestlich von Çanakkale (mit dem Auto)

Kein Troja ohne Homer und ohne Heinrich Schliemann: Beide haben das Schicksal dieses lieblichen Fleckchens Erde bestimmt. Der Grieche Homer dichtete vor fast 3000 Jahren sein Epos „Ilias", das von der Entführung der schönen Helena, der Frau des spartanischen Königs Menelaos, durch den trojanischen Prinzen Paris und von der anschließenden Zerstörung Trojas durch den griechischen König Agamemnon erzählt. Aber hat Homer wirklich gelebt? Hat der Trojanische Krieg stattgefunden? Wurde Troja tatsächlich zehn Jahre lang von den Griechen belagert? Und gab es das Holzpferd zur Täuschung der Trojaner wirklich? Die Wissenschaft konnte all das bis heute nicht beweisen. Fest steht, dass auf dem *Hisarlık*-Hügel, der die Einfahrt der Dardanellen überwacht, seit Jahrtausenden antike Siedlungen existierten. Bei seinen Grabungsarbeiten in den 1870er-Jahren hat der deutsche Kaufmann Schliemann diese wüst durcheinandergebracht. Nachdem später deutsche Archäologen die Grabungen im Weltkulturerbe Troja ein Vierteljahrhundert geleitet haben, gaben sie den Grablöffel an die Türken zurück.

Der Rundgang durch das weiträumige Areal auf dem Hügel ist ausgeschildert und führt über die Reste der Stadtmauern den Hügel hinauf. Neben der Rampe von Troja II (2500–2150 v. Chr.) glaubte Schliemann seinen sensationellsten Fund, den Schatz des Priamos, gemacht zu haben, dessen Teile heute im Moskauer Puschkin-Museum zu sehen sind.

Das 2018 eröffnete *Troja-Museum (tgl. 8.30–20 Uhr, 31.10.–1.4. bis 17.30 Uhr | Eintritt 10 Euro | Truva Altı Sok. 12 | Tevfikiye Köyü | 3 Std.)* zeigt einen großen Teil der Funde, die in über 100 Jahren Ausgrabungen zutage gefördert wurden. Das architektonisch beeindruckende Gebäude beherbergt über 2000 Ausstellungsstücke, modern präsentiert. In sieben Abschnitten wird dir die Geschichte der Ägäis erzählt, und du erhältst Antworten auf viele Fragen, die sich um den Mythos ranken.

Nach Troja (türk. Truva) gelangst du mit dem Bus, Taxi oder Mietwagen, z. B. von *Rumelililer Rent a Car (Cumhuriyet Meydanı, Remzi Çelik İş Hanı 1 | Tel. 0286 2 13 12 54)*. Es gibt auch Exkursionen von Çanakkale aus, z. B. *Agentur Troy-Anzac (neben dem Uhrenturm | Tel. 0286 2 17 14 47). Ausgrabungsstätte tgl. 8–20, Nov.–März bis 17 Uhr | Eintritt ca. 10 Euro | 4 Std. | B2–3*

2 BÜYÜK KEMIKLI BURNU

20 km/1 Std. nordwestlich von Çanakkale (mit Fähre und Auto)

Die „Landnase mit dem großen Knochen" besteht aus bizarren Felsen, die über Jahrhunderte von den Wellen ausgehöhlt worden sind. Sie liegt am Golf von Saros, der mit seinen kleinen und größeren Buchten zu Spaziergängen einlädt. *B1*

3 GELIBOLU-NATIONALPARK

40 km/4 Std. südwestlich von Çanakkale (mit Fähre und Minibus)

Die 33 ha große Anlage mit Gedenkstätten für die Gefallenen des Ersten Weltkriegs ist (Anti-)Kriegsdenkmal und grüner Naturpark zugleich. Der Rundgang beginnt am Tor. Hier, am südlichsten Zipfel der Halbinsel, steht das 42 m hohe *Şehitlik-Monument* von 1960. In einem kleinen *Museum* werden Originalfotos und Relikte der Schlacht von 1915 gezeigt. In der Nähe befindet sich das französische Denkmal. Im Dorf *Seddülbahir* kann man die Burgruine von 1659 besichtigen. Rund um den Zipfel der Halbinsel gibt es weitere Gedenkstätten und Friedhöfe, die durch ihre Anonymität berühren. Auf dem Hügel *Kabatepe* kannst du das *Museum* besichtigen, in dem die Schlacht nachgestellt wird. Die Tour über das ehemalige Schlachtfeld erfordert festes Schuhwerk und Proviant. Info: *gallipoli.gov.au*. Im Nationalpark gibt es ein *3D-Infozentrum (Tgl. 8–17.30 Uhr | Eintritt ca 17,50 Euro).* 4–5 Std. | *B–C1*

Willkommen auf dem Land! Dörfliches Stillleben auf Gökçeada

4 GÖKÇEADA

57 km/ ca. 2 ½ Std. westlich von Çanakkale (mit der Fähre)

Eine der nördlichsten Inseln der Ägäis ist noch weitgehend menschenleer. Der Platz, an dem in der Türkei die Sonne am spätesten untergeht, ist mit 289 km² zugleich die größte Insel des Landes (früher Imros). Sie war von 1470 an fünf Jahrhunderte unter osmanischer Herrschaft, behielt jedoch eine gemischte türkisch-griechische Bevölkerung – noch heute leben hier knapp 10 000 Menschen friedlich zusammen. Ende Juli feiern die Inselbewohner ihr Erntedankfest, im August findet ein Filmfestival statt.

Gökçeada versucht sich in ökologischer Landwirtschaft. Die Bauern verkaufen ihre Produkte auf dem *Sonntagsmarkt*. In *Merkez* am Hafen und in den Dörfern *Yeni Bademli*, *Uğurlu* und *Kaleköy* gibt es kleine Hotels und nette Pensionen. Kneipen und Fischrestaurants findest du im Hauptort Gökçeada. An der 95 km langen, weitgehend unberührten Küste gibt es zahlreiche Strände, die alle die blaue Flagge für Sauberkeit tragen, etwa *Aydıncık* im Südosten. Im Nordwesten liegt der *Marmaros-Strand*, gut für eine Tagestour. Vom Hafen aus verkehren Sammelboote zu den Buchten. In Zentrumsnähe badet man am städtischen Strand von *Kaleköy*. Die *Sternenbucht* (*Yıldız Koyu*) gleich daneben ist einer der schönsten Badeplätze der Ägäis. Kaum zu glauben, dass es noch so einsame Buchten gibt!

Gökçeada erreichst du mit der Fähre von zwei Häfen: Von Çanakkale (Fahrzeit ca. 2 ½ Std.) und von Kabatepe gegenüber auf der Gelibolu-Halbinsel (knapp 2 Std.). Informationen zu den wechselnden Abfahrtszeiten erhältst du vor Ort *(Gökçeada: Tel. 0286 8 87 30 43 | Çanakkale: Tel. 0286*

2 17 18 15 | Kabatepe: Tel. 0286 8 14 12 63 | gdu.com.tr). *A2*

BOZCAADA

(A-B3) **Die schönste türkische Insel in der Ägäis ist nicht nur eine Tagesreise wert. Ihr griechisch anmutender Charme, glasklares, kühles Badewasser und endlose Weingärten hinter einer zerklüfteten Küste zeichnen ★ Bozcaada (früher Tenedos) aus.**

Hier kann man schwimmen, einkaufen, feiern und hervorragend essen. Der lokale Wein gehört zu den besten des Landes. „Gott hat diese Insel geschaffen, damit die Menschen länger leben", soll Herodot einst gesagt haben. Bis zur Jahrtausendwende war sie ein ruhiges Plätzchen, ein Geheimtipp für Künstler und Schriftsteller, die nach und nach die verlassenen griechischen Steinhäuser restaurierten, Weinberge kauften und die Aufforstungsarbeit unterstützten.

Die nur 40 km² große Insel liegt ca. 20 km vor den Dardanellen und ist den Nordwinden stark ausgesetzt. Der höchste Hügel heißt *Göztepe* (192 m). Rund um Bozcaada gibt es zehn kleine Inseln, von denen viele nur größere Felsen sind. Bozcaada selbst hat zwölf Landzungen und damit viele schöne, einsame Badebuchten. Was die Insel prägt, sind aber die Weinberge: Bozcaada liefert ein Drittel der türkischen Weinproduktion. Einheimische Kräuter und Weinblätter werden im Zentrum, um den Teegarten, namens Çanlı İbo angeboten.

In der Hochsaison sollte man nicht ohne Hotelreservierung auf die Insel fahren. Vor allem am Wochenende schütten die Autofähren Hunderte von Besuchern ins Dorf. Im Winter leben

Von den Phöniziern erbaut: die Festung im Hafen der „Weininsel" Bozcaada

hier 2500, im Sommer um die 5000 Menschen.

Von *Odun İskelesi/Geyikli* dauert die Fahrt mit der *Autofähre (Çanakkale Island Line | 4-mal tgl. im Winter, bis zu 12-mal tgl. im Sommer | ca. 2 Euro hin und zurück, Auto inkl. max. 7 Pers. ca. 15 Euro | gdu.com.tr)* ca. 40 Min. Die Inselstraßen sind asphaltiert, es gibt eine Tankstelle und Geldautomaten.

SIGHTSEEING

ESKI KALE (ALTE BURG)

Die imposante Festung am Hafen ist ein Hingucker und ein tolles Fotomotiv. Sie ist auf drei Seiten von Wasser umgeben und hat an der Südfront einen ca. 10 m breiten Graben, der einst auch mit Wasser gefüllt war. Sie wurde von den Phöniziern erbaut, später von Genuesen und Venezianern erweitert, dann von den Osmanen übernommen. Heute kannst du hier eine ethnografische Sammlung anschauen. Die Sicht von der Festung auf die Insel lohnt sich. *Tgl. 10–20 Uhr | Eintritt 2 Euro*

BOZCAADA-MUSEUM

Das kleine, aber feine Inselmuseum ist das Werk eines jungen Istanbulers, der sich Ende der 1990er Jahre in die Insel verliebte und sich hier niederließ. Hakan Gürüney begann, Objekte zu sammeln und mit den Insulanern über Bozcaadas Geschichte zu reden. Daraus entstand nicht nur eine tolle Geschichtswerkstatt, sondern – nachdem die Kommune ihm ein altes Gebäude überließ – ein Museum mit über 6000 Exponaten. *Tgl. 10–19 Uhr | Eintritt ca. 1,75 Euro | Cumhuriyet Mah. Lale Sok. 7 (hinter der Winzerei Talay Fabrika) | bozcaadamuzesi.net | 1 Std.*

RÜZGAR SANTRALI (WINDKRAFTWERK)

Windenergie ist in der Türkei ein boomender Sektor, in dem auch deutsche Firmen gut vertreten sind. Seit der Jahrtausendwende drehen sich die Räder auch auf Bozcaada. Das Kraftwerk versorgt nicht nur die Insulaner, sondern auch einen Teil der Großstadt Çanakkale mit Elektrizität. Hier, vor allem vom verlassenen Leuchtturm namens Polente am Ufer, hast du einen wunderschönen Blick übers Meer. Es ist ein beliebtes Ritual der Inselbesucher, hier mit einer Flasche Wein die untergehende Sonne anzubeten. Drumherum wächst wilder Thymian. *An der Westküste der Insel, per Minibus (5 Euro) gegenüber dem Fähranleger, Taxi, Fahrrad oder (etwas mühsam!) zu Fuß zu erreichen*

INSIDER-TIPP
Das Glas in der Hand & die Sonne im Blick

ESSEN & TRINKEN

Im ehemals griechischen Viertel rechts des Anlegers und auf der Meeresseite zur Linken gibt es viele Tavernen und Restaurants. Lass dir die Fische zeigen und frag nach dem Tagespreis.

ASMA 6

Das Restaurant im Hafen, direkt am Meer gehört der Winzerfamilie Talay.

Originelle lokale Küche mit Gerichten wie Lamm in Kräuterbett, Zicklein am Spieß, Reis mit Meeresfrüchten und Auberginen mit Ziegenkäse aus dem Ofen. Zur Happy Hour von 18 bis 20 Uhr bekommst du eine Käseplatte zum Hauswein oder vier Mezesorten mit doppeltem Raki zum günstigen Preis. *Tgl. 12–1 Uhr | Yalı Cad. | Tel. 0533 775 70 54 | €€€*

INSIDER-TIPP
Gewusst, wann!

SANDAL

Hier stimmt definitiv das Preis-Leistungs-Verhältnis: Die Auswahl an Vorspeisen ist groß, dazu bestellt man in der Regel eine gemischte Fischplatte. Probier den gegrillten Oktopus *(ahtapot izgara). Tgl. 12–2 Uhr | Cumhuriyet Mah. | Alsancak Sok. | Tel. 0286 697 02 78 | €€*

BATTI BALIK

Mit dem „Toten Fisch" liegt in der „Essgasse" hinter dem Rathaus *(Belediye)* eines der besten Lokale auf Bozcaada. Ganz auf ägäische Taverne abgestimmt, ab 9.30 Uhr geöffnet und mit Frühstück. Hier sitzt du draußen unter Weinstöcken. *Alsancak Sok. 43 | Rum Mah. | Tel. 0286 697 88 81 | €€*

SHOPPEN

Auf Bozcaada gibt es einige bedeutende Winzer, in deren Weinkellern du vor dem Kauf verkosten darfst: Hüseyin Pehlivan von *Talay Şarapçılık (Cumhuriyet Mah. | Lale Sok. 5 | Tel. 0286 697 80 80 | talay1948.com)*, der Besichtigungen für kleine Gruppen organisiert; Fatih Ataol von *Ataol Bağçılık ve Şarapçılık (Çınarçeşme Sok. 3 | Tel. 0286 697 80 04)* und *Yunatçılar Şarap Pazarlama ve Ticaret (Emniyet Sok. 24 | Cumhuriyet Mah. | Tel. 0286 697 80 55).* Verpass nicht den preisgekrönten Wein des Winzers *Corvus (in Tuzburnu Mevkii | Tel. 0286 697 81 81 | corvus.com.tr).* Im *Ada Café* am „Dorfplatz" *(Çınar Çarşı Cad. 35)* oder am *Kiosk* direkt am Hafen kannst du Weine in Geschenkpackungen kaufen.

INSIDER-TIPP
Beste türkische Tropfen

STRÄNDE

Die Badebuchten von Bozcaada heißen *Liman, Değirmenler, Lagor, Ayana, Sulubahçe, Poyraz, Çanak, Çapraz* und *Kocatarla*. Der schönste Strand ist jedoch *Ayazma* im Süden der Insel – hier gibt es einige Tavernen, Schirme und Liegen. Der Strand ist ideal für Kinder jeden Alters, denn das Wasser ist extrem flach – fühlt sich aber aufgrund einer kühlen Untergrundströmung nicht wie Badewanne an. Nach Ayazma fahren Minibusse vom Fähranleger. In den Läden am Hafen bekommst du Inselkarten.

AUSGEHEN & FEIERN

Das Nachtleben auf Bozcaada ist ruhig. In den Fischrestaurants sitzt man bis spät in die Nacht. Die Cafés und Bars gruppieren sich um den Hafen. Am Hafenkai links vom Anleger gibt es Cafés mit WLAN und Alkoholausschank.

Im Polente 49 entspannt es sich gut und stimmungsvoll – tagsüber wie abends

POLENTE 49

Eine der ältesten Kneipen der Insel und nicht zu verfehlen: Man läuft geradeaus vom Anleger auf das kleine Haus zu, das abends zum Treffpunkt des insularen Nachtlebens wird. Oft gibt es Livemusik (ab 21 Uhr), meist eher ruhige Gitarrenklänge. *Tgl. 11–3 Uhr | Alaybey Mah. Iskele Cad. 41 | Facebook: Polente Bozcaada* | €€

BAKKAL

Direkt gegenüber dem Bozcaada-Museum sitzt du hier nett an der Straße und schaust dem lebendigen Treiben zu. Die Fruchtcocktails und die Weinauswahl sind sehr gut. Das Lokal hat bis in die Morgenstunden auf und ist auch gut für einen Absacker. *Tgl. 11–3 Uhr | Cumhuriyet Mah. Bozcaada Müzesi Karşısı* | €€

SALHANE

Mit Sicht auf die prächtige, angestrahlte Burg sitzt man hier im Freien direkt am Meer. Im Sommer treten hier oft bekannte Pop- und Jazzmusiker auf. *Tgl. 11–2 Uhr | Cumhuriyet Cad. Kazanlar Sok. 36 | salhane.com.tr* | €

ASSOS

(📖 B4) **Umgeben von den Überresten einer alten, bis zu den Byzantinern zurückgehenden Festungsanlage, ist Assos (ca. 1200 Ew.) – mit türkischem Namen Behramkale – ein abgeschiedenes Hafenstädtchen am Meer, mit schönen Hotels, netten Kieselstränden und guten Restaurants. Das griechische Erbe lebt, wie überall an der Ägäis, mit der typischen Steinarchitektur mit den hohen Giebeln und den Säulenfassaden weiter.**

Die Hotels haben in der Regel das ganze Jahr über geöffnet. İstanbuler

feiern hier gern Silvester oder ihre Flitterwochen. In der benachbarten Bucht Kadırga findet sich ein ausgedehnter Strand mit weiteren Übernachtungsmöglichkeiten.
Im 7. Jh. v. Chr. vom Volk der Metymnae aus Lesbos gegründet, ist Assos die einzige Stadt der griechischen Antike, die „privatisiert" wurde: Sie wurde an einen Bankier namens Euboulos verkauft. Dessen Haussklave Hermias erbte nach seiner Freilassung die Siedlung. Der Legende nach verliebte sich Aristoteles in Hermias' Schwester. Unter der Bedingung, dass er in Assos eine Schule der Logik eröffnete, durfte Aristoteles die Schöne heiraten. Der berühmte Philosoph blieb, ehelichte Phytias und wirkte drei Jahre lang (348–345 v. Chr.) in Assos.

SIGHTSEEING

ATHENA-TEMPEL ★

Wunderschön ist die Silhouette der dorischen Säulen bei Sonnenuntergang. Von der Tempelanlage hast du einen guten Blick auf die Insel Lesbos. Auf der anderen Seite des Hügels liegt landeinwärts das kleine Dorf Behramkale, das der ganzen Siedlung seinen offiziellen Namen gibt.
Viele Überbleibsel dieses im 6. Jh. v. Chr. gebauten Tempels auf 238 m Höhe sind heute auf die Museen in Boston und İstanbul verteilt. Archäologen arbeiten seit Jahren fleißig daran, die noch erhaltenen Säulen im Umfeld des Heiligtums wiederaufzurichten. *30 Min.*

STADTMAUERN UND RUINEN

Die 3 km lange byzantinische Stadtmauer hatte früher zwei Haupttore (eines im Osten und eines im Westen) und acht Türme. Zu besichtigen sind heute noch Nekropolen (antike Friedhöfe), ein Gymnasium, eine Agora, ein – schon in byzantinischer Zeit in eine Kirche umgewandelter – Tempel, Zisternen und ein Amphitheater in Hufeisenform. *Einfahrt mit Pkw kostenpflichtig (ca. 2 Euro)*

ESSEN & TRINKEN

ASSOS KÖYÜM

Das Familienlokal bietet leckere Gerichte mit frischesten Zutaten und einen schönen Blick von der Terrasse auf die Landschaft samt Sonnenuntergang. Es gibt eine reiche Auswahl an vegetarischen Vorspeisen. *Tgl. 12–23 Uhr | Behramkale Meydan (neben dem Teegarten am Hauptplatz) | Tel. 0286 7 21 74 24 | €€*

YILDIZ SARAY

Das Restaurant mit überdachter Terrasse am Meer bietet solide türkische und internationale Küche. *İskele | Tel. 0286 7 21 72 04 | assosyildizsarayotel.com | €€*

SHOPPEN

In Assos kannst du Kräuter, handgestrickte Wollsachen oder Seifen aus Olivenöl kaufen. Wer die gewebten Kelim-Teppiche mag, wird beim Stöbern ebenfalls fündig. Glasperlen und Schmuck aus Halbedelsteinen gibt es an jeder Ecke.

Aristoteles war auch hier: Fühl dich wie in Griechenland in der Hafenstadt Assos

AUSGEHEN & FEIERN

Das Nachtleben findet in den Bars und Kneipen am Hafen statt. In den alten, renovierten Lagerhallen sind die Bar des *Nazlıhan-Hotels* und die Bar *Uzunev* untergebracht. Die benachbarte Eisdiele *Assos Dondurmacısı*, berühmt wegen ihrer Waffeln, ist ein beliebter Treffpunkt für die Locals am späten Abend.

WELLNESS

INSIDER-TIPP
Mal alle viere von sich strecken

IDA SPA

Das *Hotel Ida Costa* bietet einen luxuriösen Spabereich: Die Massagen im Freien, die Sauna und vor allem das türkische Bad tun gut. Das Ehebaar Ugur und Hülya Olcay hat jahrelang erfolgreich ein Hotel in Bodrum betrieben und dann Assos und seine Heilkräfte entdeckt. *Hotel Ida Costa | Kücükkuyu, unterhalb Kozlu an der Uferstr. | Tel. 0286 7 64 00 10 | idacosta.com*

RUND UM ASSOS

5 BABAKALE

30 km/1 Std. westl. von Assos (mit dem Minibus)

Der dem Wind ausgesetzte Ort „Vaterburg", westlichster Punkt Anatoliens, ist ein verschlafenes Fischerdorf mit riesigen Olivenbäumen und Platanen sowie einer relativ gut erhaltenen, 1723 von den Osmanen errichteten Burg. In dem ehemaligen Piratennest gibt es die besten Messerschmiede des Landes und phantastische Son-

INSIDER-TIPP **Ein Strand für dich allein**

nenuntergänge. Baden lässt es sich sehr schön am weitgehend unentdeckten Sandstrand der *Akliman-Bucht,* die du gut zu Fuß erreichst. Essen kannst du dort im *Balıkçı Motel & Restaurant (Koyiçi Mevkii | Babakale Koyu (Bucht) | balikcimotel.com | €). Minibus ab der Tankstelle in Assos (Behramkale)* | A–B4

6 KAZDAĞI (BERG IDA) ★

26 km/1 Std. nordöstl. von Assos nach Küçükkuyu (mit dem Auto)

Von Assos führt die Straße ostwärts durch Olivenhaine, die von steilen Felshängen mit versteckten Buchten unterbrochen werden. Vom beliebten Ort *Küçükkuyu* (D4) aus kannst du deine Exkursionen ins Hinterland starten: Hinter der Tankstelle Petrol Ofisi in Richtung İzmir gibt es eine Brücke, an der du links abbiegst und auf einer Schotterstraße 3 km weiterfährst. Hier liegen die Ruinen des *Zeusaltars,* der für die Anwohner immer noch eine Wallfahrtsstätte ist. Etwas weiter oben (ausgeschildert) liegt das Dorf *Adatepe.*

Die Region ist ein Zentrum des Ökotourismus. Mitten im Dorf gibt es *Hurmali Kahve (tgl. 8–22 Uhr | Adatepe Köyü Meydan 5 | €),* einen schönen Teegarten mit Snacks. Im Sommer stellen die Betreiber Sahneeis mit den Aromen der Umgebung her: frische Bergminze, Thymian und Brennnessel.

INSIDER-TIPP **Vom Kräutertopf direkt ins Eis**

Alternativ gehst du zum Essen ins feine *Restaurant Refika (Adatepe Köyü 88 | Küçükkuyu-Ayvacık | Tel. 0533 3212127 | idablue.com.tr | €€€)* des Landhotels *Ida Blue.* Für die Gerichte werden ausschließlich Ökoprodukte aus der Umgebung verarbeitet.

Kazdaği-Wasserfall: Nichts geht über eine natürliche Abkühlung

Trekking- und Safaritouren bietet das etwas abgelegene *Iliada Hotel (Yaykın Mevkii | Tel. 0286 4 84 77 78 | iliada hotel.com)* in Kalkım auch für Nicht-Gäste an. *C–D 3–4*

AYVALIK

(C4) **Vom letzten Hügel aus blickt man auf die sonnige Stadt am Meer (72 000 Ew.), das Zentrum des Olivenanbaus im Land. Die malerische Altstadt erfährt heute ein Upgrading durch urbane Zuzügler, die für weltläufiges Flair sorgen.**

Die zerfranste, etwas kahle Küste ist nicht zubetoniert, der Tourismus steckt noch in den Kinderschuhen. Am Kai warten die *tirandil,* große Holzboote, die Touren in Badebuchten und zu den Inseln machen, von denen die größte *Cunda* (offiziell Alibeyköy) heißt. Die Strände sind zwar meistens nicht besonders groß, aber das Wasser ist sauber. Hier ist die Ägäis noch weitgehend intakt.

Mit Ayvalık assoziiert man Olivenöl und frischen Fisch – zwei Produkte, die die Stadt durch ihre Geschichte begleitet haben. Ayvalık war bis in die 1920er Jahre eine fast ausschließlich von anatolischen Griechen bewohnte, autonome Stadt, berühmt für ihren materiellen Wohlstand und kulturellen Reichtum. Nach dem tragischen Bevölkerungsaustausch zwischen der Türkei und Griechenland 1924 wurden hier muslimische Bauern aus Mazedonien, Lesbos und Kreta angesiedelt. Ayvalıks multikulturelles Erbe spiegelt sich heute in der Architektur und den Gotteshäusern verschiedener Religionen nieder. Viele, auch deutschsprachige, Expats leben in der Stadt. Aus Istanbul und anderen Metropolen kommen vermehrt Künstler, Intellektuelle aber auch Rentner hierher und restaurieren die Steinhäuser. Die schicke Marina und die 22 Inseln in der Umgebung bieten Seglern eine geeignete Basis. Alte Ölmanufakturen werden in Hotels umgewandelt, der große Donnerstagsmarkt zieht Besucher aus Lesbos an. Dennoch bleibt Ayvalik, wo man ab November bis in den April hinein mit heftigen Nordwinden und rauer See rechnen muss, ein eher ruhiges Plätzchen, was für viele überhaupt der Grund ist, hier Urlaub zu machen oder sich gar für immer anzusiedeln. Du erreichst die Stadt über İzmir mit dem Bus (ca. 150 km) oder von Edremit (48 km nordöstlich) aus, dessen Flughafen von Istanbul einmal am Tag angeflogen wird.

SIGHTSEEING

ALTSTADT

Der *Cumhuriyet-Platz* am Meer ist das Zentrum Ayvalıks. Von hier führen die Basarstraßen in die hübsche, ruhige Altstadt, etwa die *Talat Pascha Caddesi* oder *Gümrük Caddesi*. Feines Kunsthandwerk und nette Cafés findest du vor allem in der *Barbaros Caddesi*.

Alte griechische Kirchen wurden häufig einfach durch den Bau von Minaretten in Moscheen umgewandelt: die ansehnliche *Agios-Yannis-Kirche* im *İsmetpaşa Mahallesi* zur *Saatli Ca-*

Das Äußere täuscht: Innen ist die Taksiyarhis Anit Müzesi eine prächtige Kirche

mii (Uhrenmoschee), die *Agios-Yorgios-Kirche* zur *Çınarlı Camii* (Platanenmoschee). Die *Biberli Camii* war früher die *Agios-Nicholaus-Kirche*. Sie können alle besichtigt werden. Im Innenhof der Gazi-Grundschule, unweit des Hafens, steht die *Kato Panaya*, ein griechisches Waisenhaus, das in die Moschee *Hayrettin Camii* umgewandelt wurde. Die *Phanaromani-Kirche* auf dem Weg zum Fußballstadion wird heute als Olivenmanufaktur genutzt.
Eine touristische Karte bekommst du in der Passage *Selanik* in dem Marktviertel gegenüber dem Hafen im Buchladen *Ayvalık Kitapevi (Sefa Sok. 4 | Selanik Pasaj 4)*.

TAKSIYARHIS ANIT MÜZESI

Eine der prächtigsten Kirchen der Ägäis versteckt sich hinter einer schlichten Fassade. Einst die Hauptkathedrale von Ayvalık, wurde sie nach 1927 lange als Tabak-Depot genutzt. Nach einer langen Restaurierungsphase ist sie nun seit 2013 als Museum zu besichtigen. Die bunten Wandbilder und Bemalungen in der hellen Haupthalle stechen ins Auge. *Tgl. 9–19 Uhr (Okt.–Apr. 8–17 Uhr) | Mareşal Fevzi Çakmak Caddesi | Eintritt ca 1,50 Euro | ⏲ 30 Min.*

ESSEN & TRINKEN

DENIZ YILDIZI

Der „Seestern" liegt tief im Hafen hinter dem Postamt am Meer und bietet regionale Küche mit originellen vegetarischen Vorspeisen wie gefüllten Kürbisblüten, eingelegten Oliven und dem obligatorischen frischen Fisch zu Raki, Wein oder Bier. *Tgl. 12–1 Uhr | Ptt*

Arkasi Ismet Paşa Mah. Karantina Sok 5 | Tel. 0266 312 66 66 und 0507 224 31 50 | ayvalikdenizyildizi.com | €€

PAŞA ÇORBA

Sehr gute Familien-Lokanta mit täglich acht bis zehn Gerichten. Vegetarierfreundlich, gutes Preis-Leistungs-Verhältnis. *Tgl. 10–22 Uhr | im Marktviertel, Talatpaşa Cad. Fotoğrafçılar Aralığı 14 | Tel. 0266 312 50 18 | €*

TIK MUSTAFA

Der Wirt Mustafa kümmert sich um jeden Tisch in seinem hervorragenden Restaurant selbst – und das seit 40 Jahren. Die vielen Bilder seines Namensvetters, Republikgründer Mustafa Kemal (Atatürk), rühren nicht nur von säkularer Überzeugung, sondern auch daher, dass der Staatsmann ein leidenschaftlicher Raki-Trinker war. Reiche Auswahl, auch an vegetarischen Speisen. Unbedingt reservieren! *Tgl. 18–0 Uhr | Fevzi Paşa Mah. Helvacılar Sokak 6 | Tel. 0266 312 38 30 | €€*

SHOPPEN

Das Beste, was Ayvalık zu bieten hat, sind Olivenöl und Ölseifen z. B. der Marke *Komili (komilizeytinyagi.com.tr)*. Es werden fünf Sorten Öl angeboten: *Sızma* ist kalt gepresstes Öl; etwas leichter und mit höherem Säuregehalt heißt es *Riviera*. Das *Halis Ege* (Pure Ägäis) schmeckt nach den schwarzen Oliven der südlicheren Aydın-Region. *Taş Baskı* (Steinpresse) ist etwas herb. Schließlich gibt es noch das *Erken Hasat* (frühe Ernte), das aus den Oliven direkt vom Baum kalt gepresst wird und den niedrigsten Säuregehalt aufweist. Die Marken *Orio Organics (orio.com.tr), Monteida (monteida.com)* und *Tariş (tariszeytin.com.tr)* bieten Olivenöl aus ökologischem Anbau an *(organik)*. Donnerstags findet mitten im Zentrum Ayvalıks ein Markt statt – einer der schönsten und größten Märkte der Region. Neben landwirtschaftlichen Produkten gibt es hier Textilien, Bekleidung, Souvenirs und Gewürze zu kaufen. Der Markt zieht sogar Griechen aus Lesbos an.

INSIDER-TIPP
Ein wahrer Anziehungspunkt

SPORT & SPASS

Die Ausflugsboote, die am Hafen anlegen, fahren für halbe oder ganze Tage zu den Inseln und Badebuchten der Umgebung. Auch Cunda und Patrice (s. S. 58) werden angefahren, z. B. von *Fundam Tur (Tel. 0532 335 43 67 | fundamtur.com)* oder von Ahmet Kaptan mit seiner *Halikarnasli Tur (Tel. 0535 309 82 81)* privat zu mieten, mit oder ohne Verpflegungw. Wer sich einen Tag lang *Lesbos* anschauen möchte, kann dies mit einer schönen Seereise *(9 Uhr ab Ayvalık, 17 bzw 18 Uhr ab Lesbos | pro Person ab 25 Euro | Fahrtdauer mit dem Katamaran 45 Min., mit der Autofähre 90 Min., pro Strecke)* verbinden. Anbieter: *Jalem Tur (Tel. 0266 331 65 05 | jalemtur.com), Turyol (Tel. 0266 331 67 00 | turyolonline.com).*

STRÄNDE

Im Norden und Süden Ayvalıks sowie auf der Halbinsel *Cunda* kann man sehr gut baden. 

An kommunalen Stränden wie dem *Belediye Plaj* am Damm nach Cunda sind Liegen und Schirme oft umsonst oder kosten nur eine Kleinigkeit. Der hübsche Strand des *Ada Camping* auf Cunda ist auch für die Öffentlichkeit zugänglich. Bei *Sarımsaklı (9 km südwestlich von Ayvalık, Minibus nach Sarımsaklı oder Altınova/Sahil)* im Süden erstreckt sich der schönste Sandstrand der Nordägäis kilometerlang bis nach Dikili. Es gibt Imbissbuden, Restaurants und Schirm- bzw. Liegenverleih.

AUSGEHEN & FEIERN

In Ayvalık sind ruhige Abende am Kai, im Teegarten oder auf der Terrasse beliebt. In den Tavernen auf *Cunda* sind die Nächte lang, nach dem Abendessen wird getrunken – und getanzt. Hier sind einige Cafés mit ruhiger Livemusik. In der Kneipenstraße Barlar Sokağı findest du viele Locations, die bis in die Morgenstunden geöffnet sind. Gute Livemusik gibt es es in der *Zuzu Bar (Tgl. 12–2.30 Uhr | Talat Pascha Cad. 3)*.

Eine romantische *Tour im Mondschein mit dem Boot (10–15 Euro | Özger Tur)* ist der krönende, sanft schaukelnde Abschluss eines schönen, warmen Sommerabends – buchen kannst du sie tagsüber bei verschiedenen Anbietern am Kai.

RUND UM AYVALIK

7 PATRICE

7 km/15 Min. nordwestlich von Ayvalık (mit dem Auto)

Wenn du vor dem Ortseingang von Cunda rechts in den Feldweg einbiegst und gegenüber der vorgelagerten Güvercin-Insel die Küste entlangläufst, kommst du durch Olivenhaine zum schönen Dorf Patrice. Manche der Häuser sind ansehnlich restauriert. Am Wasser liegt das verfallene Kloster *Agios Dimitrios Ta Selina*, das leider nur für Gruppenbesuche mit Anmeldung öffnet. In der Gaststätte *Bıyıklı'nın Yeri (Beim Bärtigen) (Tel. 0266 327 17 68 | €)* kannst du eine Rast einlegen. *C5*

8 CUNDA (ALIBEY ADASI) 

11 km/20 Min. nordwestlich von Ayvalık (mit Bus und Minibus)

Die vorgelagerte, durch einen künstlichen Damm mit der Stadt verbundene Insel ist Ayvalıks größte Attraktion. Ehemals von Griechen bewohnt, lockt Cunda (sprich: Dschunda) mit vielen Buchten, einer Altstadt (gleichen Namens) mit Kirchen und vor allem auf der Nordseite einer üppigen Vegetation, weshalb die Griechen sie „die Wohlriechende" (Moschinos) nennen. Der Samstagsmarkt mit den frischen Kräutern, die Cafés und Kneipen in den historischen Häusern sowie die hübschen Souvenirshops ziehen im Sommer viele Gäste an. Nach einem Spaziergang durch die charmante Alt-

Cundas Altstadt möchte man gern mit nach Hause nehmen

stadt solltest du dich noch vor Sonnenuntergang in einem der guten Fischrestaurants niederlassen.

Sehenswert ist auch das 150 Jahre alte Kaffeehaus *Taş Kahve* am Kai mit seinen hohen Decken und großen Spiegeln und die von der Industriellenfamilie Koç kunstvoll restaurierte *Taxiarchis-Kirche (Di–So 10–19, Okt.–März 10–17 Uhr | Eintritt frei | Namık Kemal Mah., Şeref Sok. 6A)*. Das neoklassische Gotteshaus stammt ursprünglich von 1462 und ist nach einem Erdbeben 1873 wiederaufgebaut worden. Heute dient die Kirche als Museum und beherbergt Objekte aus dem Koç-Industriemuseum in Istanbul. Im Sommer finden hier oft klassische Konzerte statt.

Am Anfang der Straße Bakkal Sokak sind die Ruinen der *Panaya-Kirche* zu besichtigen. Auf dem Hügel links vor dem Ortseingang befinden sich die Überbleibsel der *Agios-Yannis-Kapelle*. Das *Bay Nihat/Lale Restaurant (Tgl. 10–0 Uhr | Sahilyolu 21 | Tel. 0266 3 27 10 63 | baynihat.com.tr | €€)* ist seit 1978 eine Institution auf Cunda – ein Fischlokal vom Feinsten direkt am Meer. Die *papalina* genannten, kleinen Fische musst du unbedingt ausprobieren – man isst sie in Maisöl gebraten samt Gräten. Wer Lust auf kretisches Essen mit viel Gemüse hat, kehrt im *Lal Girit (Tgl. 20–1 Uhr | Namık Kemal Mah. Ayvalık Cad. 20 | Tel. 0266 3 27 28 34 | €€)* ein. An der westlichen Seite der Insel liegt die kleine Bungalowanlage *Ortunç (Tgl. 17–1 Uhr | Ayvalık Adaları, Tabiat Parkı | Tel. 0266 3 27 11 20 | ortunc.com | €€)*, in der man auch gut essen kann. In der gleichnamigen Bucht verweist die Blaue Flagge auf sauberes Wasser. *C4*

INSIDER-TIPP
Köstliche kleine Fische

9 ŞEYTAN SOFRASI

10 km/15 Min. südwestlich von Ayvalık (mit dem Auto)

Den besten Überblick über Ayvalık und seine 22 Inseln hast du von die-

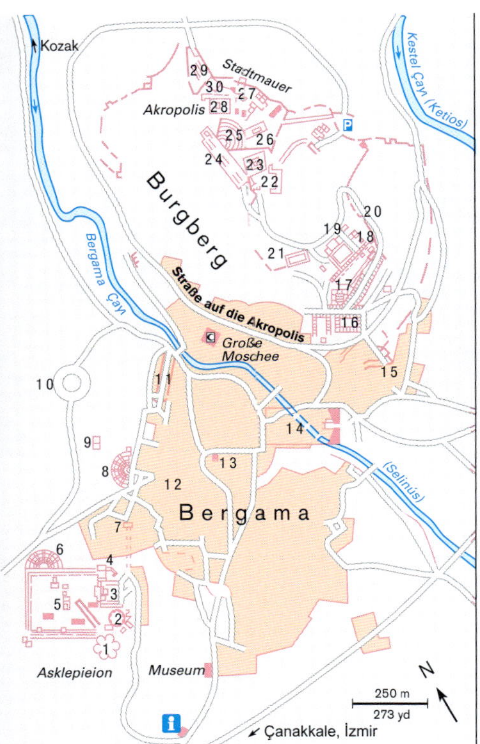

Pergamon

Ausgrabungen der antiken Stätten im Bereich der türkischen Stadt Bergama

1 Rundbau
2 Asklepiostempel
3 Propylion
4 Bibliothek
5 Heiliger Brunnen
6 Theater
7 Virantor
8 Römisches Theater
9 Athenatempel
10 Römisches Amphitheater
11 Stadion
12 Basarviertel von Bergama
13 Seldschukisches Minarett, Rest einer Moschee
14 Rote Basilika (Serapistempel)
15 Tor zur Akropolis
16 Untere Agorá
17 Gymnasion
18 Thermen
19 Tempel der Hera
20 Antike Straße
21 Demetertempel
22 Obere Agorá
23 Pergamenischer Zeusaltar
24 Ionischer Altar
25 Theater
26 Athenatempel
27 Bibliothek
28 Trajanstempel
29 Garten der Königin
30 Kasernen
P Parkplatz

sem Hügel. Seine Spitze gleicht einer runden Tafel, ein mit einem Eisenkäfig umgebenes Loch soll dem Hörensagen nach Satans Fußabdruck sein. Im einzigen Caférestaurant sollte man lieber aufs teure Essen verzichten und sich mit Getränken begnügen. *C5*

BERGAMA (PERGAMON)

(D5) ★ **Bergama (105 000 Ew.) ist eine sympathische, lebhafte Kleinstadt, die vor Jahrtausenden Pergamon hieß. Sie liegt 30 km landeinwärts an dem Flüsschen Bakır Çay (Kaikos), genau 101 km von İzmir entfernt.**

Im fruchtbaren Tal wird Landwirtschaft betrieben und der Montagsmarkt ist nichts weniger als eine Augenweide. Zum Schwimmen und Baden fährst du nach Dikili – eigentlich kommt man aber hierhin, um das antike Pergamon zu sehen: Auf dem 335 m hohen Hügel haben sich Spuren vergangener Zivilisationen Schicht auf Schicht angehäuft, denn vor der hellenistischen Ära ab dem

3. Jh. v. Chr. war die Stadt von Hethitern, Frygern, Lydiern und Persern bevölkert.

Die Dynastie der Attaliden (3. Jh. v. Chr.) gebot in ihrer Blütezeit über weite Teile der Ägäisregion und war wohlhabend genug, um bedeutende kulturelle Leistungen hevorzubringen und phantastische Werke errichten zu lassen, wie den Altar, der im Pergamonmuseum auf Berlins Museumsinsel zu bewundern ist. Pergamons Ruinen lassen sich zur Besichtigung von Norden nach Süden, oder vom Hügel herunter zum Tal, in drei Bereiche einteilen: Auf der *Akropolis*, dem Burgberg, stand einst der berühmte Zeus-Altar. Paläste, Zisternen, die Bibliothek, das Arsenal, das Trajanaeum und der Athena-Tempel gehören zu diesem oberen Komplex.

Der Rundgang beginnt am Ticketschalter *(tgl. 8–19 Uhr | Eintritt zur Akropolis 10 Euro)*. Nach der *Unteren Agora* (16) folgen das *Gymnasium* (17), das *Römische Bad* (18) und das *Heroon,* der Tempel der Hera (19). Über die *Heilige Straße* (20) kommst du zum *Tempel der Demeter* (21). Vor der Akropolis mit der *Oberen Agora* (22) befindet sich das steil angelegte, gut erhaltene *Theater* (25). Dann gelangt man zu dem Platz, wo einst der Zeus-Altar stand. Danach kommen die *Bibliothek* (27), der benachbarte *Athena-Tempel* (26), der teilweise restaurierte und immer noch imposant wirkende *Trajanstempel* (28), die *Kasernen* (30) und die *Gartenanlagen* (29). Unten in der Stadt warten die erstaunlich große *Rote Halle* (14) und das *Museum*.

SIGHTSEEING

BERGAMA MÜZESI

Das mithilfe des Deutschen Archäologischen Instituts 1924 errichtete Stadtmuseum beherbergt u. a. die

Antike Baukunst: Trajanstempel

erst im Jahr 2000 in Allianoi ausgegrabene Skulptur der Aphrodite. Die Münzsammlung umfasst mehr als 3000 antike Exemplare. Eine Volkskundeabteilung zeigt interessante Exponate aus den Bergdörfern, u. a. Kelims und Stoffe. *Tgl. 8–19, Nov.–März bis 17 Uhr | Eintritt 1,80 Euro | Zafer Mah. | Cumhuriyet Cad. 6 | 1 Std.*

ROTE HALLE (SERAPION)

Kızıl Avlu (Roter Hof oder Rote Basilika), wie der Tempel auf Türkisch heißt, liegt mitten im heutigen Bergama, am Fuße des Burgberges. Der Tempel wurde im 2. Jh. von den Römern zu Ehren des ägyptischen Gottes Serapis erbaut und später in eine Kirche umgewandelt. Unterhalb der Ruine verläuft der kleine Fluss Selinos. *Eintritt 2 Euro | im Zentrum von Bergama, Pergamon-Karte: Nr. 14*

BURGBERG

Eine Seilbahn erspart dir zum Glück den steilen Aufstieg, in wenigen Minuten erreichst du damit die Akropolis auf der Bergspitze. Der Burgberg von Pergamon war der Sitz eines griechischen Königreiches, das einer der Nachfolger Alexander des Großen im 2. Jh. v. Chr. errichtete. Die Stadt war in ihrer Blütezeit ein Kleinod griechisch-hellenistischen Städtebaus und wird seit über 100 Jahren von deutschen Archäologen erforscht.

Vom Eingang der historischen Stätte aus fällt der Blick als Erstes auf den *Trajanstempel (28)*, der erst später, um 100 n. Chr. in der römischen Zeit erbaut wurde. Der Tempel wurde von deutschen und türkischen Archäologen gemeinsam mit den vorhandenen Originalteilen wiederaufgebaut und krönt nun die Akropolis.

Vom Trajanstempel aus geht es abwärts zu den weiteren Sehenswürdigkeiten der ehemaligen Stadt. Auf der Plattform unterhalb des Tempels stand um 200 v. Chr. die Bibliothek (27). Sie soll in ihrer Blütezeit die stolze Zahl von 200.000 Büchern und Buchrollen enthalten haben und gilt als zweitbedeutendste Bibliothek der Antike nach der von Alexandria. Die Bewohner von Pergamon erfanden u. a. das Pergament (Pergaminae Carta),

Steile Karriere: die schwindelerregenden Sitzreihen des Theaters in Bergama

nachdem die Ägypter die Ausfuhr von Papyrus verboten hatten. Hergestellt aus gegerbter Tierhaut ließ es sich nicht wie Papyrus rollen und musste deshalb gebunden werden. Wertvolle Bücher wurden in Pergamon mit Gold aufgewogen, erstmals stellte man hier Büsten von Dichtern auf. Die Löcher für die Befestigungen der schweren Regale sind heute noch sichtbar.

Noch ein paar Meter unterhalb der einstigen Bibliothek befand sich das eigentliche Weltwunder des antiken Pergamon – der Zeusaltar (23). Wer schon einmal im Pergamonmuseum in Berlin war, weiß Bescheid: Der Gigantenfries des Altars gehört zu den herausragenden Kunstwerken der hellenistischen Zeit. Vom mit Bäumen und Sträuchern überwucherten Sockel des ehemaligen Altars gelangt man als Nächstes zum Theater (25). Darin fanden 10 000 Menschen Platz, selbst heute ist es wegen seiner außerordentlich steil übereinander angeordneten Sitzreihen spektakulär. Einst umfasste es 4200 m², war 40 m hoch und hatte 83 Zuschauerreihen. Der Blick von ganz oben ist nur Schwindelfreien zu empfehlen!

Vom Theater aus gelangst du entlang der früheren Hauptstraße der Stadt nach unten zum großen Gymnasium (17), einer damals in der gesamten griechischen Welt führenden Bildungsstätte. Der Weg dorthin führt dich an den Überresten ehemals vornehmer Wohnhäuser vorbei, deren noch intakte Mosaikböden überdacht worden sind. Durch einen kleinen Ausgang verlässt du die Ausgrabungsstätte am Fuße des Hügels.

ALTARPLATZ

Der römische Autor Lucius Ampelius (2. Jh.) erwähnt in seinem Merkbüchlein die religiöse Stätte und sortiert sie unter die Weltwunder: „In Pergamon gibt es einen großen marmornen Altar, 40 Fuß hoch, mit sehr großen Skulpturen ...". Der Weg auf die Akropolis Pergamons führte einst am Altar vorbei, und zwar an seiner Ostseite mit dem Großen Fries, auf dem die olympischen Götter mit den irdischen Giganten kämpfen. Die Friese wurden Ende der 1860er-Jahre von dem deutschen Ingenieur Carl Humann entdeckt. 1878 begannen die Ausgrabungen. Humann verschiffte alles von Dikili aus nach Deutschland. Das Berliner Pergamonmuseum wurde eigens für die Ausstellung des Altars entworfen. Die Stadt Bergama kämpft seit den 1980er-Jahren um die Rückgabe des Altars bzw. die Herstellung eines Duplikats. *Pergamon-Karte: Nr. 23*

ESSEN & TRINKEN

ARASTA

Im autofreien Marktviertel findest du diverse kleine Kaffeehäuser wie dieses, wo du superb frühstücken oder dich beim Mokka, Tee oder einer Limonade ausruhen kannst. *Tgl. 8–20 Uhr | Barbaros Mah. Pabuççular Arastası | €*

ARZU PIDE

Die einfache Gaststätte bietet leckere Pide, die türkische Variante der Pizza, belegt mit Hackfleisch, Schafskäse oder Gouda, Knoblauchwurst *(sucuk)* oder Schinken *(pastırma)*. Das Ganze kommt aus dem Holzofen. *Tgl. 10–*

Qualität made in Turkey

23 Uhr | İstiklal Meydanı 35 | Tel. 0232 631 11 87 | €

KYBELE
Das Restaurant des Hotels *Les Pergamon* bietet im historischen Ambiente eines altgriechischen Jungengymnasiums ein gehobeneres Niveau: Neben gegrilltem Lamm und guter Pasta gibt es lokale, vegetarische Gerichte. *Tgl. 11–0 Uhr | Kurtuluş Mah. Taksim Caddesi 35 | Tel. 0232 632 39 35 | €€*

SHOPPEN

Gegenüber dem Eingang der Roten Halle gibt es einige Trödler, bei denen du fündig werden kannst. In Bergama und Umgebung werden Textilien und Teppiche noch in Handarbeit hergestellt. Die Teppiche gehören mit zwölf Knoten pro Quadratzentimeter zu den stabilsten ihrer Art. Meist werden sie in 3 oder 4 m^2 Größe angeboten. Zwei Muster herrschen vor: Der Kozak-Typ hat große geometrische Muster, während der türkische Typ mit Blättern und Ästen floral geprägt ist. Kauf am besten direkt bei den Produzenten: Die turkmenischen Nomaden knüpfen und weben auf der Alm *Kozak* im Nordwesten Bergamas, in den Dörfern Karaveliler, Kıranlı, Çamavlu, Güneşli, Terzihaliller, Yukarıcuma und Hacıhamzalar feine Teppiche *(30 km von Bergama, Minibusse vom Busbahnhof Otogar)*. Lass dir beim Kauf in jedem Fall eine Quittung geben für den Zoll.

RUND UM BERGAMA

10 ASKLEPIEION
1 km/20 Min. westlich von Bergama (zu Fuß)
Diese Stätte war angeblich die erste voll ausgestattete Gesundheitsklinik der Geschichte, benannt nach Asklepios, dem Gott der Medizin. Hier wurde jahrhundertelang Kranken mit Bade- und Trinkkuren, Schlammbädern, Massagen und Musiktherapien geholfen. Die antike Allee der Kurstadt endet bei einer ansehnlichen *Schlangensäule* – der Stab und die Schlange des Gottes sind heute noch die Symbole der Heilkunde. Auf die *Bibliothek,* den *Artemis-Tempel* und den *Nördlichen Korridor* folgen das 3500 Zuschauer fassende *Theater* und etwas weiter der *Tempel des Telespho-*

rus, wo die Kranken sich schlafen legten und den Ärzten einst von ihren Träumen berichteten. *Tgl. 8.30–18 Uhr | Eintritt 7 Euro | ⏱ 1 Std. | 🕮 D5*

11 DIKILI

30 km/30 Min. westlich von Bergama (mit dem Auto)

Die kleine Küstenstadt mit diversen Stränden in der Umgebung ist einen Besuch wert. In der Antike war Dikili (ca. 42 000 Ew.) der Hafen Pergamons. Heute machen hier vor allem Mittelstandstürken Urlaub. Der Strand ist dem Ort gleich angeschlossen. Gut dinieren kann man im *Iskele Balık Restoran Restoran (Tgl. 18–1 Uhr | Atatürk Cad. 3 | Tel. 0232 6 71 33 43 | €€)* direkt am Meer. Die Restaurants an der Promenade im Ort sind alle gleich gut. Für ein abendliches Bier geht man in die nahezu rund um die Uhr geöffnete Beachbar *Eftalya (İsmetpaşa Mah. | Uğur Mumcu Cad. 1)* gleich nördlich vom Zentrum. *🕮 C5*

12 ÇANDARLI

20 km/20 Min. südwestlich von Bergama (mit dem Auto)

Die große Bucht von Çandarlı ist ein Geheimtipp. In der und um die Kleinstadt (ca. 5000 Ew.) herum gibt es unzählige, kleine Sandstrände zum Baden.

INSIDER-TIPP Südsee-Feeling

Besonders schön zum Schwimmen und Schnorcheln ist die Insel *Kalem Adasi*, zu der täglich Boote vom Kai ablegen. Die von genuesischen Rittern im 13. Jh. errichtete *Burg* zählt zu den besterhaltenen des Landes. Preiswerte Pensionen und kleine Hotels säumen die nette Promenade. Auf dem Freitagsmarkt werden ökologische Erzeugnisse der örtlichen Bauern günstig angeboten. Wer nur Ruhe und Erholung sucht, kann hier einen schönen Urlaub verbringen. *🕮 D6*

13 AIGAI (NEMRUT KALESI)

35 km/1 Std. südlich von Bergama (mit dem Auto)

Die über 2200 Jahre alte antike Stadt liegt überwuchert auf einem schönen grünen Hügel in 360 m Höhe. Von hier aus hat man einen herrlichen Blick auf die Region. Die vom Plan her Pergamon sehr ähnliche Siedlung wurde von Äoliern gegründet. Sehenswert sind die *Agora*, eine 80 m lange Markthalle, das *Gymnasium*, ein *Theater* sowie die Ruinen der Tempel für die Götter Demeter, Zeus und Athena. *Tgl. 8–17 Uhr | Eintritt frei | Abzweigung Yeni Şakran auf der Straße Bergama–İzmir | ⏱ 30 Min. | 🕮 D6*

SCHÖNER SCHLAFEN IN DER NÖRDLICHEN ÄGÄIS

DEN STRAND VOR DER TÜR

Das *Assos Nazlihan (37 Zi. | Iskele Mevkii Behramkale | Ayvacık | Reservierung unter Tel. 0212 4 44 01 50 | assosnazlihan.com | €€)* ist ein schickes Spa-Hotel in den über 100 Jahre alten, restaurierten Lagerhallen am Hafen von Assos. Ein türkisches Marmorbad, Sauna und Whirlpool bieten die Kulisse für verschiedene Wellnesspakete, u. a. mit Massage und Aromatherapie.

IZMIR & UMGEBUNG

METROPOLE MIT WELLNESSOASEN

İzmir lädt zum schicken Bummeln, Baden und Entdecken ein. Die drittgrößte Stadt des Landes ist eine urbane, betont weltliche Metropole mit kosmopolitischem Charme.

Ein solides Bildungsbürgertum und Zehntausende von Studenten verleihen der Stadt eine angenehme Atmosphäre. Viele kleine und große Buchten im weiten Umland, die herrliche Çeşme-Halbinsel im Westen sowie die griechische Insel Chios sind lohnende Ausflugsziele. Auf der gesamten Çeşme-Halbinsel finden

Traum in Weiß und Blau: der Strand von Çeşme

sich noble, meeresnahe Hotels. In vielen kleinen Häfen lässt es sich schön flanieren, und auf der Speisekarte regiert der Fisch. Um İzmir herum gibt es weniger bekannte, aber interessante antike Stätten und charmante Orte mit gut erhaltenen türkisch-osmanischen Stadtkernen. Mit dem Flugzeug (nach Bodrum und Dalaman) und dem Bus sind die Ferienziele im Süden von İzmir aus problemlos zu erreichen.

IZMIR & UMGEBUNG

MARCO POLO HIGHLIGHTS

★ **FOÇA**
Ein klassischer Fischerort und ruhiger Platz zum Entspannen und Baden ➤ S. 70

★ **KEMERALTI**
Der alte Basar von İzmir verlockt zum Stöbern ➤ S. 74

★ **DENIZ RESTAURANT**
Ein Muss für Fischliebhaber ➤ S. 75

★ **SARDES**
Ein Besuch bei König Krösus ➤ S. 79

★ **BUCHT VON ALAÇATI**
Surfparadies für Anfänger und Könner ➤ S. 80

Çaltılıdere
Süngüllü
Hacıömerli
Aliağa
Kocaçay
Küçük Belen
Nemrut Limanı
Çıtak
Otmanlar
MANISA
Yenifoça
Horozgediği
Küçük Sümbüller
E87
Helvacı
Orak-Insel 1
Foça ★
Çukurköy
Ilıpınar
550
Incir-Insel 1
S. 70
Q-30
Buruncuk
Muradiye
Belen
Süleymanlı
Bağarası
Gediz
250
Kesik
Maltepe
Menemen
Alaniçi
Emlakdere
Seyrek
565
Karakoca
Süzbeyli
Sancaklı
120 km, 2 Std.
Mordoğan
7 Sardes ★
2 Izmir Wildpark
Çiğli
E96
300
Deniz Restaurant ★
Gülbahçe Körfezi
İzmir Körfezi
Kemeraltı ★
İzmir
S. 72
Balçova
Kaynaklar
Özbek
İskele
Güzelbahçe
İZMIR
3 Urla
Çamlı
E87
Gaziemir
300
Kuşçular
100 km, 1 Std.
Efemçukuru
Yeşilköy
Menderes
Yağcılar
Bademler
550
505
TÜRKIYE
Kuşçuburnu
Demircili
90 km, 1 Std.
Kuyucak
Küner
Seferihisar
Q-31
Pancar
Sığacık
4 Teos
Körfezi
Karakuyu
Kavakdere
Sancaklı
Metropolis (Yeniköy) 6
Ürkmez
Gümüldür
Ataköy
Doğanbey
Gölova
Özdere
Klaros 5
Ägäon Pelagos
5 Notion
Zeytinköy
Kuşadası
Kuşadası
ΕΛΛΑΣ
ELLÁDA
10 km
6.22 mi
ΣΑΜΟΣ
SAMOS
Körfezi
AYDIN

FOÇA

(📖 C6–7) ★ **Foça (8800 Ew.) ist ein Geheimtipp sogar für Türkeikenner: schöne Fischtavernen am Meer, eine nette Promenade und Segelyachten am Kai.**

Foça hat seinen Namen von den Mönchsrobben *(fok)*, die die kleinen Inseln vor der Bucht bevölkern und der Grund dafür sind, dass das Gebiet unter Naturschutz steht. Die Bewohner des antiken Phokaia, wie Foça einst hieß, waren Seefahrer und gründeten viele Kolonien – die berühmteste ist Marseille. 1455 wurde der Ort von den Osmanen eingenommen, wovon die *Fatih-* und die *Kayalar-Moschee* aus dem 15. Jh. zeugen. Foça hat heute zwei Gesichter: Das denkmalgeschützte Alt-Foça *(Eski Foça)* mit Cafés, Hotels und Kneipen. Die Nordseite der Halbinsel mit dem Neubaugebiet Neu-Foça *(Yeni Foça)* ist zum Baden interessant.

SIGHTSEEING

BEŞ KAPILAR (FÜNF TORE)

Die Stadtmauern und Tore im Zentrum wurden im Mittelalter und später durch die Osmanen renoviert, was sie aber nicht vor Verfall schützte. Im *Kybele-Tempel* sind in fünf Nischen Reliefs und Figuren der Fruchtbarkeitsgöttin zu erkennen. *Eski Foça Liman | Hafen*

DIŞ KALE (ÄUSSERE BURG)

Genueser errichteten 1678 die Burg zwischen den Buchten *Küçükdeniz* (Kleines Meer) und *Büyükdeniz* (Großes Meer). Dahinter liegen die Ruinen eines türkischen Bades. *Burun Mevkii | auf der Landzunge*

Boote, Flaneure, Restaurants: Ganz schön was los im Hafen von Foça

SIREN KAYALIKLARI (SIRENENFELSEN)

Vor der nördlichen Bucht ragen die großen Felsspitzen empor. Als Odysseus hier vorbeikam, verstopfte er die Ohren seiner Männer mit Wachs, damit diese nicht vom tödlichen Gesang der Sirenen betört würden. Am besten vom Boot aus zu besichtigen.

ESSEN & TRINKEN

KAVALA WINEHOUSE

Direkt am Wasser, bei den Fischerbooten sitzt man hier gemütlich und liest, plaudert oder träumt vor sich hin. Der beste Ort, um den Tag zu beginnen. *Tgl. 8–0 Uhr | Ismet Paşa Mah. Reha Midilli Cad. 47 | Tel. 0232 8 12 29 20 | kavalacafewinehouse.com | €*

FOKAI

Das Fischrestaurant am Meer serviert lokale Spezialitäten wie Meeresfrüchte mit Knoblauchjoghurt. *Atatürk Mah., 121 Sok. 8 | Tel. 0232 8 12 21 86 | €€*

CELEP

Um in dem gut besuchten Restaurant am Meer Fisch zu essen, fahren viele İzmirer extra hierher. *Küçük Deniz Sahil Cad. 58 | Tel. 0232 8 12 14 95 | €€€*

STRÄNDE

Am lang gestreckten Sandstrand *Yeni Foça Halk Plaji* im Norden, vor der Neustadt, haben Hotels Liegen und Schirme aufgestellt, für die sie eine kleine Miete (ca. 2,50 Euro) verlangen. Der Strand trägt die Blaue Flagge und ist im Sommer ziemlich voll.

An der Promenade von Alt-Foça kannst du ebenfalls schwimmen. Zwischen Alt- und Neu-Foça reihen sich die Strände aneinander: *Sazlıca, Mersinaki* und *Kosova* sind phantastische kleine Sandbuchten. Nach Sazlıca fahren Minibusse vom Zentrum, die anderen sind zu Fuß erreichbar. Du kannst dich auch an einem privaten Strandabschnitt wie dem *Hanedan Beach* oder *Q Beach* niederlassen. Besonders fein gibt sich der *Voodoo Beach Club* – praktisch rund um die Uhr geöffnet.

AUSGEHEN & FEIERN

MIÇO

Abends ein In-Lokal, tagsüber ein Cafe. Moderate Preise und den Blick auf den Sonnenuntergang am Meer gibt's gratis dazu. Später wird zu lauter Musik getanzt. *Tgl. 8–2 Uhr | Reha Midilli Cad. 50 | Instagram: micocafebar | €€*

FOK BAR

Eine nette Kneipe am Meer mit gelegentlicher Livemusik, die nicht auf die Nerven geht. *Tgl. 10.30–4 Uhr | Atatürk Mah. Aşıklar Yolu 9 | Facebook: fokbar | €€*

RUND UM FOÇA

1 ORAK & INCIR

20 km/20 Min. westlich von Foça (mit dem Boot)

Von Foça aus ist ein Tagesausflug zu den vorgelagerten Inseln eine gute

Idee. Vom Boot aus kannst du Mönchsrobben auf der *Orak-Insel,* einem Naturreservat für die vom Aussterben bedrohten Tiere, beobachten.
Auf der *Incir-Insel* gibt es Reste einer antiken Siedlung mit Grabkammern, Felsaltären und abenteuerlichen Höhlen zu entdecken. Vom Hafen in Foça fahren die Ausflugsboote morgens ab 8 Uhr ab *(10 Euro | Tickets am Vortag besorgen | Rundfahrt ca. 6 Std.).* *C6*

İZMİR

(D7) **İzmir (4,4 Mio. Ew.) ist eine sonnige Stadt mit Palmenalleen und einer kolonial angehauchten Architektur. Die Meerespromenaden von *Kordon (Atatürk Caddesi)* und *Karşıyaka* am gegenüberliegenden Ufer sind das ganze Jahr über voller Leben.**
İkinci Kordon (Cumhuriyet Bulvarı) und die *Altstadt* um die Straßen Nr. 1453 und 1482 – viele Straßen İzmirs tragen einfach Nummern – sind beliebte Flaniermeilen. Der Stadtteil *Alsancak* mit der verkehrsberuhigten *Kıbrıs Şehitleri Caddesi* ist ein Hotspot für Amüsement und Shopping. Mitten in der Stadt findest du den *Kültürpark,* wo alljährlich im September eine Internationale Messe *(Fuar)* stattfindet. Im Frühsommer lockt das Internationale Musikfestival mit klassischen Konzerten, Ballett und Opern.
Nach der Eroberung durch die Osmanen 1426 blieb İzmir fast 500 Jahre unter muslimischer Herrschaft, beherbergte aber gleichzeitig große griechisch-orthodoxe und jüdische Gemeinden. Ende des 19. Jhs. lebten 250 000 Menschen in İzmir, 10 Prozent waren Juden. Ein Großteil von ihnen wanderte nach der Gründung des Staates Israel in den 1940ern und 50ern aus. Heute zeugen dennoch mehr als zehn Synagogen von einem regen jüdischen Gemeindeleben. İzmirs säkularer, weltoffener Geist prägt die Atmosphäre. Die Stadt wird seit jeher von Sozialdemokraten regiert. Diverse Universitäten tragen zum urbanen Charme bei.

WOHIN ZUERST?

Jeder Besuch İzmirs beginnt am historischen **Uhrenturm**, dem Wahrzeichen der Stadt, auf dem Konak-Platz am Meer, zu dem du mit Bus oder Sammeltaxi gelangst. Von hier aus lassen sich die umliegenden Viertel gut zu Fuß erkunden. Dabei lädt vor allem die Uferpromenade (Kordon) zu einem Spaziergang am Meer entlang ein.

SIGHTSEEING

ASANSÖR (LIFT)

Hier hast du den Überblick: Am steilen Hang zwischen den Stadtteilen Mithat Paşa und Halilrifat Paşa wurde 1907 ein doppelter Fahrstuhl gebaut, damit das traditionelle jüdische Viertel auf dem Hügel besser zu erreichen war. Früher mussten die Menschen 155 Stufen erklimmen. *Ticket ca. 2 Euro*

ARKEOLOJI MÜZESI (ARCHÄOLOGISCHES MUSEUM)

Das Museum im Park beherbergt eine gute Sammlung antiker Werke aus Westanatolien. Neben kleineren Objekten aus Ton, Glas, Bronze und Gold kannts du auch eine Sammlung griechischer und römischer Statuen und Büsten bewundern. *Di–So 8.30–19 Uhr | Eintritt ca. 3 Euro | Bahribaba Park | Konak | muze.gov.tr | 2–3 Std.*

ETNOGRAFYA MÜZESI (ETHNOGRAFISCHES MUSEUM)

Im neoklassischen Bau aus dem frühen 19. Jh. ist ein Volkskundemuseum untergebracht, das vor allem Eindrücke aus dem osmanischen Alltagsleben vermittelt. Zu sehen sind u. a. die erste Apotheke der Stadt und traditionelle Werkstätten. *Di–So im Winter 9–17, Sommer 8.30–17.30 Uhr | Eintritt frei | Halit Rifat Cad. 3 | Konak | muze.gov.tr | 1 Std.*

KADIFEKALE
Ein Einblick ins einst antike Smyrna: Auf dem 160 m hohen Hügel Pagos (heute „Samtburg") sind die Ruinen, u. a. Aquädukte, ein Gymnasium, ein Stadion, ein Theater und eine *Agora*, zu besichtigen. *Anfahrt mit Bussen vom Stadtzentrum*

KEMERALTI ★
Nicht nur eine gute Adresse für den Souvenireinkauf: Das quirlige Marktviertel „unter den Arkaden" aus dem 17. Jh. ist ein Highlight İzmirs. Eisenschmiede, Sattelmacher, Gewürzhändler – alle haben ihre eigenen Straßen *(arasta)*. Sehenswert ist die *Kızlarağası-Karawanserei*. Das Teehaus in dessen Innenhof ist ideal für eine Rast. Hier finden sich auch einige schön restaurierte Synagogen. *Hinter dem Konak Meydanı*

SAAT KULESI (UHRENTURM)
Das maurisch anmutende Wahrzeichen İzmirs auf dem zentralen Konak-Platz steht dort seit 1901, die Uhr war einst ein Geschenk Kaiser Wilhelms II. – eine seiner Gesten, um den deutschen Einfluss im Osmanischen Reich auszubauen. Dahinter befindet sich das große Einkaufszentrum und die exquisite Kneipenmeile *Konak Pier. Konak Meydanı 1*

HISAR-MOSCHEE
Die prächtigste Moschee der Stadt wurde 1592 am Großen Tor der alten Burg bei Hisarönü erbaut, die 1872 verfiel. Heute schließt sich ihr der Basar von Kemeraltı an. *Hasanağa Mah. | 899. Sok. | Hisarönü Mevkii*

AGORA
Vom alten İzmir (Smyrna) ist vor allem die Agora oberhalb des Basarviertels übrig geblieben. Von der zweistöckigen Ladengalerie stehen noch viele Kolonnaden und Arkaden. *Namazgah Mevkii*

ARKAS ART CENTER
Die Frontseite des französischen Honorarkonsulats aus dem späten 19. Jh. dient nach aufwendiger Restaurierung als Museum für Moderne Kunst. Das Gebäude selbst ist schon einen Besuch wert und die Ausstellung ist ein Kleinod, das du dir nicht entgehen lassen solltest! *Di–So 10–18, Do, Sa, So bis 20 Uhr | Eintritt frei | 1380 Sok. 1 Alsancak | arkassanatmerkezi.com | 1 ½ Std.*

INSIDER-TIPP
Kultursnack

ATATÜRK MÜZESI (ATATÜRK-MUSEUM)
Das große Haus an der Promenade Kordon war einmal Wohn- und Arbeitsstätte des Republikgründers. Persönliche Gegenstände Atatürks geben dir einen Einblick in das Privatleben eines Staatsmannes. *Di–So 8.30–12.30 und 13.30–17.30 Uhr | Eintritt frei | Atatürk Cad. 248, Alsancak | muze.gov.tr | 1 Std.*

ESSEN & TRINKEN

DOSTLAR FIRINI
Die beste Bäckerei zum Einkaufen und Frühstücken an drei Standorten. Hier findest du das berühmte İzmirer Teilchen *boyoz* (sprich: bojos) – nach

der jahrhundertealten jüdischen Tradition wird mit Mehl, Salz, Zucker und Butter eine Art knuspriges Brötchen in diversen Varianten gebacken. *Tgl. 6.30–19 Uhr | Kıbrıs Şehitleri Cad. 120 in Alsancak | Caher Dudayev Blv 107 B in Karşıyaka und Şehit Fethi Bey Cad. 54 in Konak (Pasaport) | €*

YAŞAM VEGAN CAFE

Alles vegan und ungemein schmackhaft: Vom Döner Kebap bis hin zu Eintöpfen ist hier alles nur aus frischesten Zutaten zubereitet. Nettes, kleines Restaurant („Leben"), das man gern mehr als einmal besuchen möchte. *Tgl. 12–21.30 Uhr | 1484 Sok. 8A | Alsancak | auf Facebook | €–€€*

DENIZ RESTAURANT ★

Das bekannteste Fischlokal İzmirs an der Promenade Kordon serviert seit 1981 vor allem Meeresfrüchte (im Sommer auch draußen) und ist landesweit berühmt für seine hervorragende Küche. Das Restaurant befindet sich im Erdgeschoss des *Izmir Palas Hotels,* wo „tout le monde" verkehrt. Probier den Fisch aus dem Ofen mit diversen Saucen – absolut lecker! Unbedingt reservieren. *Tgl. 9–23.30 Uhr | Atatürk Cad. 188b | Alsancak | Reservierung unter Tel. 0533 1458199 | denizrestaurant.com.tr | €€€*

SOIREE

Auf dem schicken Konak-Pier eines der schönsten Restaurants. Serviert wird internationale Küche von Pizza über Lamm bis hin zu Fisch. Moderate Preise, toller Ausblick, hippes Ambiente mit viel Grün. *Tgl. 10–1 Uhr | Konak Pier 19 L, Atatürk Caddesi | Konak | Tel. 0232 4257000 | soiree.com.tr | €€*

Nach oben schauen lohnt sich in der Hisar-Moschee

SHOPPEN

KUYUMCULAR ÇARŞISI

Im Einkaufsviertel Kemeraltı gibt es einen riesigen Juwelierbasar mit Dutzenden von Geschäften. Die Tagespreise für Gold werden angeschlagen und liegen unter dem europäischen Durchschnitt. *Mo–Sa 9–19 Uhr | Anafartalar Cad.*

KONAK PIER

Vom Konak-Platz gehst du nördlich Richtung Meer: Die ehemalige Anlegestelle für Schiffe dient heute als Einkaufszentrum mit guten türkischen und internationalen Marken. Die Hallen hat einst Gustave Eiffel entworfen. *Tgl. 10–22 Uhr (Gastronomie länger) | Konak Meydanı | konakpier.org*

VAKKO

Das Beste, was die Türkei an Herren- und Damenmode zu bieten hat. Neben einer hauseigenen Kollektion gibt es internationale Nobelmarken, feine Seidenschals und -krawatten, Heimtextilien. *Tgl. 10-22 Uhr | Im Einkaufszentrum Hilltown, Yaka Mah. 6522. Sok. 3 | Karşıyaka | vakko.com*

BOSTANLI PAZARI

Landesbekannt sind die hochwertigen Textilien, die aus dem nahen Denizli kommen, für Weltmarken genäht sind und aufgrund kleiner, unsichtbarer Fehler für einen Spottpreis verscherbelt werden. Außerdem kann man hier Ökoprodukte aus der Region als Mitbringsel erwerben. *Mi | Bostanlı, Ceyhan Gür Sokak | Karşıyaka*

AUSGEHEN & FEIERN

Alsancak und *Bornova* sind die Szeneviertel İzmirs, in *Karşıyaka* am Meer sitzt man ruhiger. In allen drei Stadtteilen gibt es an jeder Ecke Kneipen und Nachtclubs. Die İzmirer machen sich für Clubs und Bars gern schick.

EKO PUB

Expats aus aller Herren Länder lieben hier das Flaschen- und Fassbier, das in eisgekühlten Gläsern serviert wird – außer Corona oder Miller trinken Türken ihr Bier fast nie aus der Flasche. Im Sommer sitzt du schön unter freiem Himmel. *Tgl. 8–2 Uhr (tagsüber Restaurant | Plevne Bulvari 1/Ecke Cumhuriyet Caddesi | Alsancak | €€*

DUNGEON

Der geräumige Szeneclub mit guter Akustik bietet dreimal in der Woche Livemusik, sonst gute DJs, die Pop, Rock und Indie auflegen. *Tgl. 17–3 Uhr | 83. Sok. 14 | Bornova | dungeonbarizmir.com*

OOZE VENUE

Der Club in Bornova liegt nah am Unicampus und zieht vor allem junges Publikum an – am Wochenende gibt es oft Livemusik, meist guten türkischen Pop und Rock. Laut, voll, lustig! *Eintritt für Konzerte ab 5 Euro aufwärts | Kazım Karabekir Cad. 46 (Çınar-Pasagge) | Bornova | oozevenue.com*

KALYON PUB

Unweit vom Anleger in Alsancak liegt eine der ältesten Kneipen der Stadt: urig, gemütlich, freundlich. Von gebratenen Sardellen bis zu T-Bone-Steak gibt es auch etwas für den Gaumen! *Di–So 17–1 Uhr | Konak, Cumhuriyet Blv. 219/A | Alsancak*

RUND UM İZMİR

2 IZMIR WILDPARK

28 km/30 Min. nordwestlich vom Zentrum İzmirs (mit dem Auto)

Der Zoo beherbergt 2000 Tiere, über 130 verschiedene Arten und ist zu-

Gestylt und mit guter Laune durch eine lange Nacht: im Szeneviertel Alsancak

gleich botanischer Garten, Teichlandschaft und Wald auf einer Fläche von 500 000 m². Die Tiere leben artgerecht in großen Freigehegen. Zwei Cafés servieren Pizza, Nudeln & Co. Du erreichst ihn mit dem Bus Nr. 777 von der Schiffsanlegestelle Karşıyaka aus. Mit dem Mietwagen nimmst du die Kreisautobahn in Richtung Atatürk Organize Sanayi Bölgesi, nach dem Industriegebiet gibt es dann eine Ausschilderung. *Tgl. 9–18.30, Sa/So bis 19.30 Uhr | Eintritt 1 Euro, ermäßigt 35 Cent | Sasalı-Çiğli | Busse Nr. 777, 751 Richtung Çiğli | izmirdogalyasamparki.org.tr | 2 Std. | D7*

3 URLA

35 km/30 Min. westlich von İzmir (mit dem Auto)

Mit seinen Badebuchten, Weinhängen, den restaurierten Steinhäusern, den Überresten der prähistorischen Siedlung *Klazomenai (Eintritt frei)* und dem *Freitagsmarkt* ist Urla ein lohnendes Ziel. Vom konservativen Geist der neuen Türkei ermüdete Intellektuelle und Künstler haben den Ort zum Aufblühen gebracht. Dabei wird hier auch Wert auf sanften Tourismus gelegt, es gibt kleine Hotels und Fischlokale. Vom Busbahnhof İzmir *(Otogar)* fahren Busse der Firmen Ulusoy, Varan und Kamil Koç.

Direkt am malerischen Fischerhafen findest du das Esslokal *Yengec („Krebs") (tgl. 10–24 Uhr | Iskele Mah. 2121. Sok. 6 | Tel. 0530 7 72 11 52 | €€)*, das leckere Vorspeisen, Meeresfrüchte und Salate anbietet.

INSIDER-TIPP **Haute Cuisine unter Olivenbäumen**

Das Fine-Dining-Lokal *Od Urla (Mi–So 13–0 Uhr | Rüstem Mah. 2018/9 Sok. 28 | Sütpinar Mevkii | Tel. 0532 696 39 30 | odurla.com | €€€)*

Antiker Reichtum: Das Gymnasium in Sardes, wo einst König Krösus herrschte

liegt idyllisch in einem Olivenhain und sucht in der Türkei seinesgleichen: Hier werden Zutaten aus eigenem ökologischen Anbau zu innovativen Gerichten im Stil der Fusion-Küche verarbeitet. Am offenen Feuer wird gegrillt. Auf der Karte steht Veggie, Fleisch und Meeresfrüchte. C8

4 TEOS

50 km/50 Min. südwestlich von İzmir (mit dem Auto)

In Teos in der Sığacık-Bucht stand einst der größte *Dionysos-Tempel* der Antike. Durch Olivenhaine hindurch ist die *Theaterruine* zu erreichen. Das malerische Fischerdorf *Sığacık* liegt näher am Meer und ist umgeben von den Mauern einer genuesischen Burg. Zum Baden und Surfen geht man am besten zum Strand von *Akkum*. *Tgl. 8–18.30 Uhr | Eintritt 2 Euro | Bus nach Seferihisar |* *C8*

5 NOTION & KLAROS

48 km/1 Std. südlich von İzmir (mit dem Auto)

Auf dem Weg nach Kuşadası liegt das antike Stadtduo: Notion *(D9)* auf der Meerseite, das alte Orakelzentrum Klaros *(D9)* beim Dorf *Ahmetbeyli*. Bei den Ausgrabungen, die 1921 begonnen wurden, konnten zwei Stadttore sowie Teile der alten Mauern und des Theaters freigelegt werden. Nach ein wenig Kletterei hat man einen schönen Blick bis hinüber zur griechischen Insel Samos. *Eintritt 3 Euro | Busse nach Kuşadası kommen an Ahmetbeyli vorbei*

6 METROPOLIS (YENIKÖY)

40 km/1 Std. südöstlich von İzmir (mit dem Auto)

Bei der Kleinstadt Torbalı im Süden von İzmir liegen die sehenswerten Ruinen der großen antiken ionischen

Stadt aus dem 8. Jh. v. Chr., die Archäologen für genauso wichtig wie Ephesos halten. Gut erhalten ist das Amphitheater. Vor allem gibt es hier aber wunderschön freigelegte bunte Mosaiken zu besichtigen und zu fotografieren. *Tgl. 8–18.30 Uhr | Eintritt 2 Euro | An der Autobahn İzmir–Selçuk bei Torbalı abfahren, von Torbalı aus auch Sammeltaxis | 🕮 E8*

7 SARDES ★

88 km/1 ½ Std. östlich von İzmir (mit dem Bus)

Die alte Hauptstadt der Lydier verdankte ihren Reichtum u. a. dem Goldstaub im Fluss Poktolos (heute Sart). Die ersten Münzen wurden hier geprägt. Der letzte, sprichwörtlich reiche König Krösus wurde von den Persern geschlagen. 334 v. Chr. eroberte Alexander der Große die Stadt kampflos. Der großartige *Gymnasium-Bad-Komplex*, die *Synagoge* und das *Theater* sind heute wiederaufgebaut. Der *Artemis-Tempel*, einer der besterhaltenen aus der Antike, ist bei Beleuchtung besonders prächtig und von Weitem zu sehen. *Eintritt 3 Euro | Bus von İzmir (Richtung Ankara) bis Salihli | Zug ab İzmir Hbf. (Gar) bis Salihli | 🕮 F7*

ALAÇATI

(🕮 B8) **Das Surferparadies Alaçatı (10 500 Ew., im Sommer über 50 000) ist mit seinen liebevoll restaurierten Steinhäusern und seinem malerischen Hafen eine Augenweide. Für die Reichen und Schönen des Landes ist das Dorf im Sommer die zweite Adresse nach Bodrum.**

Die gut erhaltene Architektur aus dem späten 19. Jh erinnert an den einst griechischen Charakter Alaçatıs. Trendy Cafés und Restaurants, hippe Boutiquen, schicke Souvenir- und Antiquitätenläden wechseln sich in den gepflasterten Gassen ab. Am Horizont siehst du das erste Windkraftwerk der Türkei mit 12 Turbinen, dahinter entstehen neue Offshore-Windräder.

Das malerische Alaçatı liegt 3 km landeinwärts und besitzt gleich zwei Strände: Die kilometerlangen Sanddünen von Ilıca im Norden teilt es sich mit den Urlaubern der ganzen Çeşme-Halbinsel, während um den eigenen Fischerhafen im Süden herum viele stylische Surf- und Beachclubs angesiedelt sind. Windsurfen oder Kiten sind hier beinahe ein Muss! Über 300 Tage im Jahr weht der Wind, im Winter der kalte Poyraz aus dem Norden, im Sommer der laue Imbat und im Herbst der Lodos, der noch warme Luft von Afrika herüberbringt. Von İstanbul und İzmir verkehren in der Hochsaison (Mitte Mai bis Mitte Oktober) täglich Überlandbusse nach Alaçatı. Vom Zentrum Çeşmes gibt es eine regelmäßige Dolmuş-Verbindung. İzmir ist rund 70 km, der Flughafen 90 km entfernt.

SIGHTSEEING

Das wichtigste historische Bauwerk des Ortes ist die 1874 erbaute Agios-Konstantinos-Kirche. Sie ist in die *Moschee „Pazar Yeri"* umgewandelt wor-

den und – mitten im Dorf – nicht zu übersehen. Auf dem Platz davor wird samstags und sonntags ein gehobener Antiquitäten- und Trödlermarkt aufgebaut. Hier gibt es alles von Büchern bis hin zu feinem Silberschmuck.

Die *Kemalpaşa Caddesi* ist die Hauptstraße Alaçatıs mit zahllosen Geschäften und Kneipen. Die restaurierten Häuser mit ihren bunten Holzerkern und -türen sind tolle Fotomotive. In Alaçatı wächst übrigens der aus Süd- und Mittelamerika stammende Pfefferbaum!

ESSEN & TRINKEN

KAPARI BAHCE

Mitten im Geschehen liegt das Lokal, aber dennoch abgeschieden in einem Garten: Vom morgendlichen Frühstück bis zum Abendessen reicht das Angebot, hier kannst du stundenlang verweilen. Die Küche ist eine griechisch-türkische Synthese und bietet Ausgefallenes wie Steak mit Artischockenpüree und Spargelsauce. Große Weinkarte! *Tgl. 9–2 Uhr | 2012 Sok. 10 | Tel. 0232 7 16 00 94 | kaparibahce.com | €€*

EFLATUN

Ein rustikales Restaurant mitten im Ort mit italienisch-türkischer Küche: hausgemachte Pasta, gutes Brot, frische Vorspeisen und Salate. Die Wirtin arbeitet mit lokalen Erzeugern zusammen. Deshalb kannst du hier fast zu Spottpreisen Olivenöl und Parmesan kaufen! *Tgl. 10–1 Uhr | Hacımemiş Mah. 2012. Sok. 9 | Tel. 0538 2 91 82 24 | eflatunalacati.com | €€*

DENIZ PIDE

Aus dem Steinofen kommen die „Pide" genannten, flachen, länglichen Fladenbrote, die mit Käse, Fleisch und/oder Gemüse belegt werden. Auch echte Pizzen sind hier im Angebot – schmackhaft, preiswert, sättigend. *Tgl. 9–24 Uhr | 6000. Sok. 23 | Tel. 0232 7 16 92 82 | €*

SPORT & SPASS

Surfsport wird in der ★ *Bucht von Alaçati* in goldenen Lettern geschrieben: Im Süden von Alaçatı, neben dem Hafen, gibt es im Meer eine Untiefe von ca. 500 m Breite und 330 m Länge. Das macht den Ort gerade auch für Anfänger im Windsurfen und Kiten attraktiv. Auch in der benachbarten großen *Yumru-Bucht*, die fast 2 km breit ist, findest du viele Surfclubs. Das Gebirge im Osten gibt Schutz vor ablandigem Wind. Du hast noch nie auf dem Brett gestanden? Kein Problem. Surfkurse gibt u. a. die *Bu Bi Surf School (Liman Mevkii , 18000 Sok. 20 | Tel. 0232 7 16 68 76 | bubisurfokulu.com)*. Bretter kann man natürlich auch mieten *(3 Std. für 30, 7 Tage für 150 Euro)*.

INSIDER-TIPP
Irgendwann ist immer das 1. Mal

STRÄNDE

Alle Strände um Alaçatı und Çeşme herum sind sehr schön und tragen die Blaue Flagge.

ALAÇATI PLAJI

Ungefähr 6 km südlich des Zentrums liegt der Hauptstrand des Ortes, eine Dünenlandschaft wie an der Ostsee, nur wärmer. Stramme Winde erlauben Spaß auf dem Wasser und schicke Beachclubs sind einen Besuch wert.

ILICA PLAJI

Dank seiner Thermalquellen der wärmste Abschnitt der Ägäis – weshalb der Strand meist gut gefüllt ist. Die Liegen und Schirme sind preiswert zu mieten. Im Hintergrund reihen sich die Hotels aneinander.

AUSGEHEN & FEIERN

Das Nachtleben spielt sich an den Stränden und in den Beachbars und Clubs, vor allem in der *Ayayorgi-Bucht* sowie im Zentrum, um die Marina *Alaçatı Port* ab. In der Regel zahlt man in Beach-Clubs tagsüber einen Eintritt von ca 20 Euro inkl. Schirm, Liege, Handtuch und einem Softdrink oder Bier und bleibt einfach am Abend da. Im Ort selbst findest du auch ruhigere Kneipen.

BEYOND

Der In-Club Istanbuls eröffnete 2019 seine Filiale gleich neben der Marina. Hier wird ein Eintrittspreis von ca. 12 Euro kassiert, dafür gibt es den ersten Drink umsonst. Party ohne Ende. *Tgl. 22–3 Uhr | An der Marina | Tel. 0506 9 85 03 97 | Facebook: Beyond Alaçati*

RANDOM

Der Beach-Club bietet tagsüber ein gutes Restaurant und eine Snackbar. Abends verwandelt er sich in eine Strandkneipe mit gelegentlichen Live-Auftritten – Tanz unter den Sternen. *Tgl. 10–3 Uhr | 18001. Sokak | Tel. 0530 6 11 35 37*

Wach' ich oder träum' ich? So lauschig sind die Cafés im schönen Alaçati

SOLE & MARE

Der älteste Club am windstillen Aya-Yorgi-Strand: 400 m Sandstrand, tagsüber Beachvolleyball und Fußball, abends gediegenes Feiern auf dem Sand und dem Steg. DJs mit Live-Auftritten am Wochenende. Reservieren ist ein Muss! *Tgl. 10–3 Uhr | Ayayorgi Mevkii 6 | Tel. 0232 7 12 20 57*

ÇEŞME

(□ B8) **Çeşme ist der Ort am Ende der gleichnamigen Halbinsel, das Ferienresort der wohlhabenden İzmirer und Tor zu den griechischen Inseln. Eine Burg, eine lebhafte Fußgängermeile *(Inkilap Caddesi)* und diverse Restaurants und Kneipen an einer Promenade runden das Angebot ab.**

An der 29 km langen Küste liegen schöne Strände wie *Ilıca (s. S. 81)*, *Boyalık* und *Ayayorgi*. Die ganze Umgebung ist reich an Thermalquellen und schönen Spa-Hotels. Historisches aus der Antike hat Çeşme (40 000 Ew., im Sommer über 150 000) zwar nicht zu bieten, aber dafür viel osmanisches Erbe wie die Burganlage und 15 Brunnen aus jener Zeit, die über die Stadt verstreut liegen – Çeşme bedeutet übrigens Brunnen.

SIGHTSEEING

KALE (BURG)

Die Burg lädt zum Hinaufklettern und Fotografieren ein. Die pittoreske Burganlage wurde im 14. Jh. von Genuesen angelegt und 1508 von den Osmanen erweitert. Das südliche Tor zeigt mit seinen Verzierungen alle Merkmale klassischer osmanischer Architektur. Im kleinen archäologischen Museum sind Waffen aus Zeiten des untergegangenen Imperiums ausgestellt. *Di–So 8.30–12 und 13.30–17.30 Uhr | Eintritt 2 Euro | 2002. Sok.*

AGIOS CHARALAMBOS

Der griechische Einfluss ist unverkennbar: Die teils restaurierte Basilika aus dem 19. Jh. ist schön anzusehen und wird heute als Ausstellungsraum und Kulturzentrum genutzt. Gewidmet ist sie dem Heiligen Charalambos, der im 2. Jh. gelebt und mit sagenhaften 113 Jahren gefallen sein soll. *Mo–Fr 10–18 Uhr | Inkilap Cad. 26*

ESSEN & TRINKEN

RUMELI PASTANESI

Die traditionsreiche Konditorei ist für ihr Mastix-Eis landesweit bekannt. Im Café kannst du auch herrliche hausgemachte Marmeladen aus ökologisch angebauten Früchten kaufen. *Tgl. 9–24 Uhr | Inkilap Cad. 46 | Tel. 0232 7 12 67 59 | rumelidondurma.com.tr | €€*

ISTAKOZCU CAN BABA

In Çiftlikköy (mit dem Taxi erreichbar) liegt direkt am Meer das In-Lokal für frische Krustentiere. Du wählst Hummer oder Languste aus und genießt beim Wein den Sonnenuntergang mit Blick auf die griechische Insel Chios. Achtung: vorher anrufen! *Tgl. 12–24*

Angesagt bei den İzmirern und mit jeder Menge Flair: die Altstadt von Çeşme

Uhr | Çiftlik Mah. 8. Sok. | Tel. 0232 7221215 | istakozcucanbaba.com | €€€

TUVAL

In der Marina, direkt am Wasser serviert das Restaurant feinste ägäische Küche. Empfehlenswert: die Fischfilets aus dem Ofen und die Steaks. Für Vegetarier stehen schmackhafte Gemüseaufläufe und Salate zur Auswahl. *Tgl. 10–1 Uhr | Musalla Mah., 1016. Sok. 2 | Tel. 0232 7 12 14 44 und Tel. 0530 8 24 83 83 | €€€*

WELLNESS

RESORT & THERMALHOTEL ALTINYUNUS

1974 eröffnete am Zipfel der Çeşme-Halbinsel der „Goldene Delphin", der lange Zeit als Feriendorf mit eigenem Strand konkurrenzlos blieb. Heute ist die große, renovierte Anlage ein Kurzentrum der besonders feinen Wellness-Art. Das *Palmet Spa* bietet Aromatherapie, neun In- und Outdoorpools, Massagen sowie türkisches Bad und Sauna – zugänglich für alle. *Tgl. 8–20 Uhr | ab 25 Euro | nicht für Kinder unter 12 J. | 3215 Sok. 38 | Boyalık | Tel. 0232 7 23 12 50 | altinyunus.com.tr*

INSIDER-TIPP
Viel Platz zum Relaxen

SPORT & SPASS

Die Halbinsel ist ein Paradies für Wassersportler, fast überall kannst du Surfbretter und Boote leihen. Taucher sind begeistert von den Galeerenwracks im Meer vor Çeşme; Touren über *Koçluoğlu Diving Center (im Çeşme Altınyunus | kocluoglu.com)*. Die Schiffe gehörten der osmanischen Flotte an, die 1770 von den Russen vernichtet wurde.

STRÄNDE

Zwischen Ilica und Çeşme liegt der *Boyalık Plajı*, im Nordwesten, am Eingang zur Dalyan-Bucht mit ihren Fischfarmen der *Kocakarı Plajı*. In Çiftlikköy ca. 10 km südlich des Stadtzentrums finden Surfer und gute Schwimmer ideale Bedingungen am *Pırlanta Plajı*. Die *Eselsinsel (Eşek Adası)* sowie die kleineren *Makri* und *Mavi Koy* sind drei Inseln nordöstlich vor der Halbinsel, die mit dem Boot ca. eine Stunde von Çeşme entfernt liegen (z. B. mit *Poseidon (Hürriyet Cad. | cesmeposeidon.com)*. Die südlichen Sandstrände sind relativ einsam und sehr sauber. *Vom Busbahnhof Çeşme (Garaj) fahren Sammeltaxis zu allen Buchten.*

Chios rot-weiß: Tomaten an der Hauswand

BOYALIK PLAJI

Im Norden von Çeşme liegt dieser Strand, etwa 3 km vom Stadtkern entfernt. Boyalık Plajı ist einer der wenigen zentrumsnahen Sandstrände. Das Meer ist azurfarben und der Meeresgrund genauso feinsandig wie der 4 km lange Sandstreifen selbst. Da er flach abfällt, ist er für Kinder und Nichtschwimmer geeignet.

AYAYORGI KOYU

In der Bucht des Heiligen Georg herrscht nobles Treiben. Hippe Clubs, Kneipen, Beachbars und ideale Tauch- und Schwimmgründe machen die Bucht zum Highlight. Wenn du am Abend kommst, kannst du hier die Nacht durchfeiern und am Morgen mit einem erfrischenden Bad im Meer beenden.

INSIDER-TIPP
Durchtanzen am Meer

ALTINKUM

Der berühmteste Strand der Halbinsel: 10 km südwestlich liegt der „Goldene Sand", der sich hier tatsächlich samtig anfühlt, das Wasser ist klar und kühl. Private und städtische Badeabschnitte wechseln sich ab. Die Preise für Liege und Schirm sind moderat. Gut zum Schwimmen und für Strandspaziergänge.

AUSGEHEN & FEIERN

Während in Alaçatı der Bär tobt, liebt Çeşme die Ruhe: Das Nachtleben spielt sich in den Cafés an der Promenade ab, wo man zu Wein und Bier auch kleine Snacks bekommt. Etwas mehr Trubel ist in der Kneipenstraße

2001. Sokak (abgehend von der Iş-Bank hinter dem Hauptplatz Cumhuriyet Meydanı).

Die Beachclubs der Halbinsel sind nahezu rund um die Uhr geöffnet: Die nächstgelegenen sind u.a. der *Dilaila Beach* südlich des Ortes, *Sole & Mare*, *Marrakesh* und *Babylon* in Ayayorgi.

RUND UM ÇEŞME

8 CHIOS

8 km/30 Min. westlich von Çeşme (mit der Fähre)

Die fünftgrößte der griechischen Inseln in der Ägäis ist auch als die „Mastix-Insel" bekannt, nach dem heilenden und aromatischen Baumharz, das hier gewonnen wird. Die mittelalterlichen Dörfer *Pyrgi* und *Olympi*, das illustre *Mastichochoria* (griech.: „Mastix-Dorf") und ein Kloster machen die verschlafene Insel zum lohnenden Ziel. Das Bergkloster und Weltkulturerbe *Nea Moni* liegt im Schoß eines Waldes – ein Ort zum Verweilen. Das Wasser an Stränden wie *Mavra Volia, Emporios* und *Karfas, Limnos* und *Nagos* ist kristallklar.

INSIDER-TIPP
Mystische Idylle

Chios ist ein echter Geheimtipp. Abends sitzt man in den eher ruhigen Kneipen am Hafen oder einfach am Strand. Die Fähre von Çeşme nach Chios (Türkisch: SaKız Adası) kostet für Erwachsene ab 20 Euro (Rückfahrkarten sind billiger). Zwei Reedereien organisieren die Überfahrt: *Turyol (Turgut Özal Blv., 1065 Sok. 13 | turyolonline.com)* und *Ertürk Lines (Beyazit Cad. 6–7 | erturk.com.tr).* A–B 7–8

9 ERYTHRAI & ILDIR

20 km/30 Min. nordöstlich von Çeşme (mit dem Minibus)

Bei andauernden Ausgrabungen im antiken Erythrai wurden bislang ein *hellenistisches Landhaus,* ein *Athena-Tempel* aus dem 7. Jh. v. Chr. und ein *Theater* freigelegt. In der Bucht vor der Ausgrabungsstätte liegen genau 28 Inselchen, die guten Schwimmern als Etappenziele dienen. Essen kannst du im Dorf *Ildir,* im *Herakles Butik Otel (Tgl. 12–15 u. 18–0 Uhr | Gazi Mustafa Kemal Paşa Cad. 21 | heraklesbutikotel.com | €€).* Um nach Erythrai zu gelangen, nimmst du an der alten Landstraße von İzmir nach Çeşme die Abzweigung Karaburun und fährst gegenüber dem Panoramacafé *Manzara* zum Dorf *Barbaros* ab. *Tgl. 8–19 Uhr (winters 8.30–18.30) | Eintritt frei |* B7

10 KARABURUN-HALBINSEL

Ca. 70 km/1 ½ Std. nordöstlich von Çeşme (mit dem Bus)

Der hoch über den Klippen liegende Ort *Karaburun* (2500 Ew.) und seine Umgebung sind vom Massentourismus weitgehend verschont geblieben. Kleine Kieselstrände, authentische Dörfer, in denen du im Gartenlokal Salat mit naturbelassenen Tomaten und Paprika bekommst, sowie windumtoste Hügel zeichnen die Landschaft aus. B–C7

SÜDLICHE ÄGÄIS

HEISSE TAGE, LANGE NÄCHTE!

An der südlichen Küste erwarten dich quirlige Orte wie Bodrum und Marmaris. Blaue, tief ins Land reichende Buchten, riesige Wälder und Sandstrände sind die Markenzeichen der Region. Obwohl das Klima deutlich wärmer ist als nördlich von İzmir, weht auch hier nachmittags der Imbat, der die Hitze verscheucht.

Von Kuşadası, wo die Kreuzfahrtschiffe anlegen, bis nach Bozburun, wo die Holzboote noch nach antiken Plänen gebaut werden, wartet hier die ganze Palette des maritimen Lebens auf dich. In Ephesos, Mi-

Ein Ankerplatz im Himmel: Aydin-Bucht bei Kuşadası

let und Priene sind die alten Griechen noch sehr präsent, und auf den Inseln Samos, Kos und Rhodos fließt Ouzo statt türkischem Raki. Tiefblau, wohin man schaut – per Boot, Bus oder Mietauto kannst du auf der Datça- und Hisarönü-Halbinsel und rund um den Köyceğiz-See idyllische Orte und kühle Wasserfälle zum Baden finden. Das Hinterland lockt mit Ausflügen ins Taurusgebirge, wo man freundlichen Menschen begegnet und in malerischen Bergdörfern einen Kaffee unter Platanen trinkt.

SÜDLICHE ÄGÄIS

MARCO POLO HIGHLIGHTS

★ **BODRUM**
Quirlige Stadt mit gut erhaltener Burg samt einzigartigem Museum, dazu eine Halbinsel mit Badebuchten ➤ S. 97

★ **BLAUE REISE**
Auf einem Holzboot die Küste entlangschippern, sich bekochen lassen und in unberührten Buchten baden. Das nennt man Urlaub! ➤ S. 102

★ **DIDYMA (DIDIM)**
Die größte antike Kultstätte der Ägäis war einst das Orakelzentrum der Griechen ➤ S. 96

★ **MARMARIS**
Große Pinienwälder umgeben die Bucht – saubere Strände und ein reges Nachtleben erwarten hier die Gäste ➤ S. 105

★ **KNIDOS**
Das antike Theater wird sanft vom Meer umspült und bietet seinen Besuchern eine phantastische Aussicht ➤ S. 114

★ **EPHESOS (SELÇUK)**
Die besterhaltene Stadt der antiken Griechen und Römer beeindruckt mit ihren herrlich restaurierten Bauten ➤ S. 92

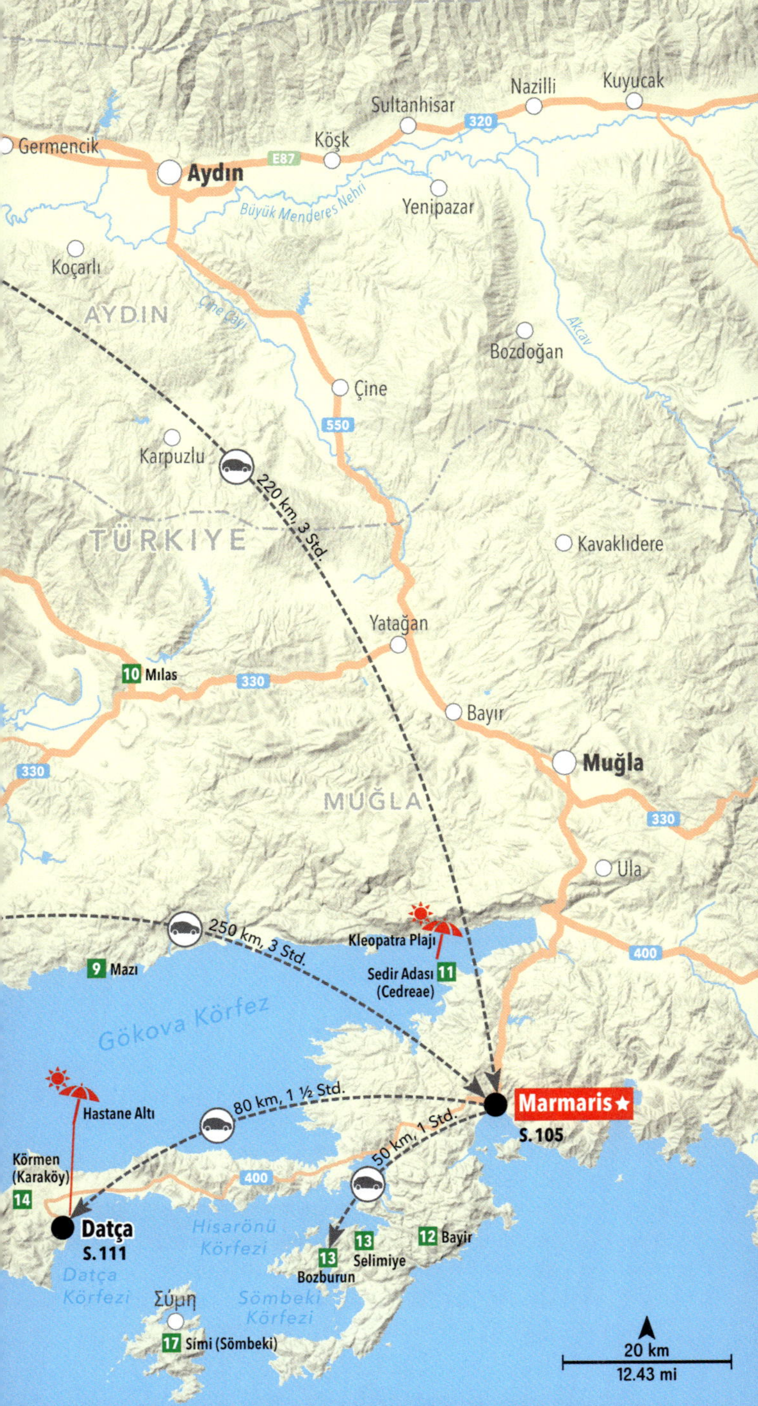

Germencik
Aydın
Sultanhisar
Nazilli
Kuyucak
320
Köşk
E87
Yenipazar
Büyük Menderes Nehri
Koçarlı
AYDIN
Çine Çayı
Akçay
Bozdoğan
Çine
550
Karpuzlu
220 km, 3 Std.
TÜRKIYE
Kavaklıdere
Yatağan
10 Milas
330
Bayır
Muğla
330
MUĞLA
330
Ula
250 km, 3 Std.
Kleopatra Plajı
400
9 Mazı
Sedir Adası 11
(Cedreae)
Gökova Körfez
Hastane Altı
80 km, 1 ½ Std.
Marmaris ★
S. 105
50 km, 1 Std.
Körmen
(Karaköy)
400
14
Datça
S. 111
Hisarönü
Körfezi
13
12 Bayir
13
Selimiye
Bozburun
Datça
Körfezi
Σύμη
Sömbeki
Körfezi
17 Simi (Sömbeki)
20 km
12.43 mi

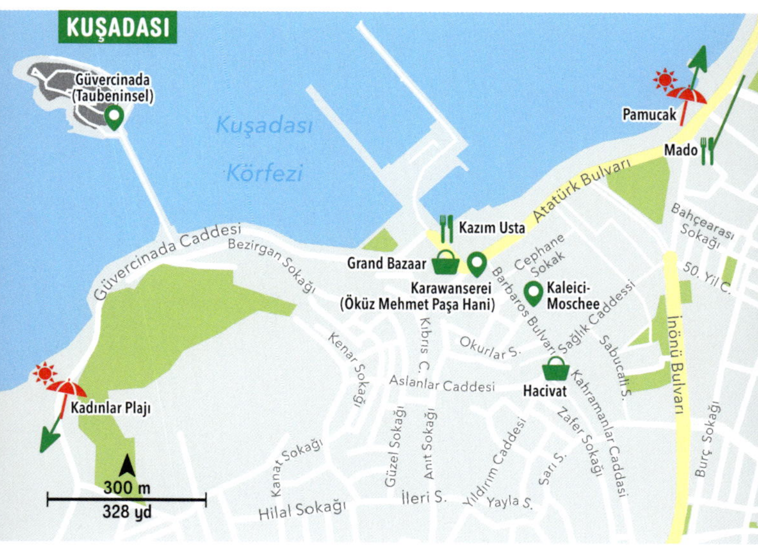

KUŞADASI

(🕮 D9) **Kuşadası (125 000 Ew.), einst ein kleines Fischerdorf, ist heute einer der größten und touristischsten Orte an der Ägäis. Am Kreuzfahrthafen liegen die Riesenschiffe, die im Sommer täglich Tausende zu den größten antiken Attraktionen der Küste, Ephesos, Milet und Didyma, bringen.**

Dementsprechend das Angebot auf dem Basar: viel gefälschte Markenware und die üblichen Souvenirs. Dennoch kann man hier, vor allem im Frühjahr und Herbst, schön die Zeit vertreiben und essen gehen. Übrigens ist die Stadt sehr tolerant und beliebtes Ziel von Gay-Kreuzfahrten.

Der Name Kuşadası (Vogelinsel) stammt von der dem Ort vorgelagerten „Taubeninsel", die seit 1834 durch einen Damm mit dem Festland verbunden ist und auf der eine gut erhaltene Burg steht. Vor dem Kastell liegt der Fischerhafen, von hier fahren die ⚑ Ausflugsboote nach Samos. Vom Fischerhafen bis zum nördlich gelegenen Yachthafen erstreckt sich das Zentrum der Stadt. Entlang der Promenade reihen sich Hotels und Restaurants aneinander, hinter dem Fischerhafen, beim Basar mit seinen überdachten Gassen, befinden sich die Reste des früheren osmanischen Städtchens. Wer einen längeren Aufenthalt in Kuşadası plant, sollte eine Unterkunft am südlichen Stadtrand suchen, wo auch die Strände liegen.

SIGHTSEEING

KALEICI-MOSCHEE

Die Moschee wurde 1618 vom Großwesir Öküz Mehmet Paşa erbaut. Der

1830 renovierte Bau hat ein Minarett auf der rechten Seite. Die Kuppel ruht auf einem Sockel mit 16 Fenstern. *Im Marktviertel*

KARAWANSEREI (ÖKÜZ MEHMET PAŞA HANI)

Entspannte Minuten bei einem Glas Tee verbringst du im schönen Innenhof der großen Karawanserei mit ihren Brunnen, umgeben von doppelstöckigen Arkaden. Die alten Karawanenschlösschen waren Raststätten und Herbergen für Mensch und Tier. Im Laufe der Zeit verfielen viele oder wurden zu Ställen umfunktioniert. Diese jedoch wurde prächtig restauriert. *Am Hafen, gegenüber dem Anleger*

GÜVERCINADA (TAUBENINSEL)

Über einen 350 m langen Damm gelangst du trockenen Fußes zur Taubeninsel mit der kleinen genuesischen Festung aus dem 14. Jh. Außerdem gibt es auf der Halbinsel eine Reihe schöner Teehäuser.

ESSEN & TRINKEN

KAZIM USTA

Manche sind der Meinung, dass es (seit 1950!) kein besseres Fischrestaurant in Kuşadası gibt. Wunderbar groß ist hier die Auswahl. Von der Terrasse überblickt man die Marina. *Tgl. 10–24 Uhr | Mahmut Esat Bozkurt Cad. 14 | Tel. 0530 3 86 46 60 | €€*

MADO

Eine landesweite Kette mit herrlichem Eis, außerdem gutes Frühstück, Mittagsangebote und auch Abendessen mit Kebap & Co. *Tgl. 7–1 Uhr | Atatürk Bulv. 54, östl. vom Anleger, direkt an der Promenade | Tel. 0256 6 14 24 44 | €*

SHOPPEN

GRAND BAZAAR

Am Hafen nicht zu übersehen, bietet der überdachte Markt (der zweitgrößte des Landes nach Istanbul) zahllose Geschäfte mit Teppichen, Leder, Schmuck und Souvenirs – und jede

Die Genueserburg auf der Taubeninsel bewachte früher den Hafen von Kuşadası

Menge Replikas, deren Einfuhr in die EU verboten ist. Bei größeren Einkäufen auf Rechnung und Garantieschein achten. *Tgl. 8–24 Uhr | Dağ, Şöförler Sk.*

HACIVAT

Hübsche Souvenirs wie Keramikteller, Kupferschalen, Glas, Figuren, Vasen etc. direkt hinter dem Port. *Tgl. 9–22 Uhr | Alacamescit, Yildirim Cad. 7 | haci vatshop.com.tr*

SPORT & SPASS

Tauchen lässt es sich in Kuşadası sehr gut, auch dank vorgelagerter Insel. Das *Sea Garden Dive Center (Yılancıburnu | seagardendiving.com | PADI-Anfänger 24 Euro, vom Boot aus 28 Euro, Schnorcheltour und Mitfahren 10 Euro, PADI-Diplom 215 Euro)* bietet Tauchgänge für Fortgeschrittene, Anfänger und auf Probe an (Mindestalter 10 J.). Wer einen Kurs oder Trainer bucht, wird vom Hotel abgeholt. Von Kuşadası aus kannst du auch einen Bootsausflug zur nahen griechischen Insel *Samos* unternehmen (Fahrtdauer ca. 100 Min.), z. B. mit *Meander Travel (1. April–31. Okt. ab Kuşadası 8.30, ab Samos 17 Uhr, 1. Mai–15. Okt. ab Samos 8.30, ab Kuşadası 17 Uhr, hin und zurück 25 Euro | Kibris Cad. 1/A | meandertravel.com)*. Wenn du lieber an Land unterwegs bist: Anbieter für Reit- und Safaritouren sowie Quadfahren findest du überall.

STRÄNDE

Der *Halk Plajı (Volksstrand)* im Zentrum ist oft etwas überlaufen. Schön ist der *Kadınlar Plajı (Ladies' Beach)* im Süden (mit dem Minibus vom Zentrum aus zu erreichen). 5 km im Norden liegt der sauberste Strandabschnitt der Küste, *Kuştur*. Einer der größten Strände der Region ist *Pamucak* mit 7 km Länge und bis zu 60 m Breite. Er liegt 10 km nördlich vom Zentrum Kuşadasıs, ist herrlich feinsandig und Verpflegungsmöglichkeiten, Liegen und Schirme stehen auch zur Verfügung.

AUSGEHEN & FEIERN

Die Kneipenmeile – die sogenannte *Pub Lane* – erstreckt sich hinter der Hauptpost. Hier findest du viele englische und irische Pubs; Karaoke ist schwer angesagt. Auch im Stadtteil *Kaleiçi* gibt es etliche Lokale für den Abend. Hier sitzt du in den schönen Innenhöfen und Gärten der alten türkischen Häuser und lässt es dir gut gehen. Achtung: In Kuşadası finden regelmäßig Drogenrazzien statt, der Besitz von Cannabis ist verboten.

RUND UM KUŞADASI

1 EPHESOS (SELÇUK) ★

18 km/20 Min. nördlich von Kuşadası (mit dem Auto)

Ephesos (türk. Efes) gehört zu den weltweit berühmtesten Stätten aus vorchristlicher Zeit und ist das Highlight der türkischen Westküste. Die antike Metropole bei Selçuk ist seit

Danke für die Blumen: Entspannen am Ladies' Beach in Kuşadası

Mitte des 19. Jhs. freigelegt und wurde aufwendig restauriert, sodass sich das fast vollständige, faszinierende Bild einer reichen Großstadt von vor 3000 Jahren zeigt.

Für einen Besuch von Ephesos lohnt es, sich einen Tag Zeit zu nehmen und am Eingang einen deutschsprachigen Audioguide auszuleihen. In den Sommermonaten solltest du frühmorgens kommen, da es mittags richtig heiß wird. Die eigentliche Ausgrabungsstätte hat einen unteren und einen oberen Eingang, der übliche Rundgang beginnt am unteren Eingang. Bereits vor der Kasse kommst du an den *Überresten des ehemaligen Stadions* und einem *byzantinischen Palast* vorbei. Nachdem man das Gelände betreten hat, fasziniert gleich das *Große Theater*. In diesem für 25 000 Besucher angelegten Bau fanden Theateraufführungen und politische Versammlungen statt. Wer die Ränge bis nach oben klettert, hat einen Überblick über die ganze Stadt. Gegenüber dem Theater führt eine ehemalige Arkadenallee zum antiken *Hafen von Ephesos*. Der Hafen verlandete im 3. Jh., was letztlich dazu führte, dass die Stadt in byzantinischer Zeit aufgegeben wurde.

Nach dem Abstecher zum Hafen beginnt der eigentliche Rundgang. Der Bummel durch Ephesos führt über die *Marmorstraße* zur *Kuretenstraße* weiter den Hügel hinauf, bis man hinter der Staatsagora den oberen Ausgang erreicht. Auf diesem Weg passiert man die *Agora,* den Handelsplatz der Stadt, an dessen Ende das am aufwendigsten restaurierte Gebäude steht: die *Celsus-Bibliothek,* in der im Sommer Konzerte stattfinden. Der ehemals dreistöckige Bau wurde 1970–78 von den Archäologen Friedmund Hueber und Volker Michael Strocka freigelegt. Einige Fresken der Fassade wurden nach Wien transportiert. Etwas weiter den Hügel hinauf liegen die sehenswerten *Hanghäuser (yamaç evleri)*, ehemalige römische Patriziervillen mit Marmorfriesen und Fußbodenheizung. Je höher man kommt, desto enger wird der Weg, bis man durch das *Herkulestor* den oberen Bereich von Ephesos betritt. Hier beeindruckt die *Staatsagora*, ein weitläufiges Areal, in dem die Versammlung der Stadtoberhäupter abgehalten wurde.

Schon während der römischen Hochzeit – Ephesos war die Hauptstadt der römischen Provinz Asien – begann hier die frühchristliche Phase, als der Apostel Paulus eine Gemeinde gründete. Im Ausgrabungsareal gibt es eine *Marienkirche* und, etwas weiter entfernt, das *Marienhaus (Meryem ana Evi)*, in dem Maria, die Mutter Jesu, angeblich die letzten elf Jahre ihres Lebens verbrachte. Auf Gerüchte hin, dass sie hier bestattet sei, ließ das türkische Kulturministerium die Erde am Haus umgraben, aber man fand nichts. Seit der Papst 1967 hier war, ist es Wallfahrtsstätte, zu der auch Muslime pilgern, weil Meryem (Maria) auch im Islam als die Mutter Jesu (Isa) verehrt wird.

Außerhalb des Ausgrabungsareals am Rand von Selçuk liegen das *Archäologische Museum*, die Reste des *Artemis-Tempels* und, auf dem Hügel dahinter, das byzantinische Ephesos rund um die *Johannes-Basilika*. Die wurde im 6. Jh. im Auftrag des byzantinischen Kaisers Justinian über dem mutmaßlichen Grab des Evangelisten Johannes erbaut. *Ausgrabungsstätte tgl. Juni–Okt. 8–20, Nov.–Mai 8.30–17.30 Uhr | Eintritt 12, Hanghäuser 8 Euro extra; Museum Ephesos/Selçuk April–Okt. tgl. 8–20, Nov.–März 8.30–17.30 Uhr | Eintritt 3 Euro | 🕮 D–E9*

2 ŞIRINCE

40 km/1 Std. nordöstlich von Kuşadası (mit dem Auto)

Bei Ephesos thront dieses ehemalige griechische Bergdorf (ca. 1500 Ew.) auf einem grünen Hügel. Mit seiner intakt gebliebenen Architektur ist es das perfekte Ziel für Tagestouren. Seine Geschichte soll bis zum 5. Jh. zurückgehen, doch die Künstler und Intellektuellen, die sich hier niedergelassen haben, interessiert mehr die idyllische Gegenwart. Die Bewohner betreiben Wein- und Ölproduktion, haben Obstgärten und verkaufen die würzigen Kräuter, die auf dem 350 m hohen Hügel wachsen. Beide Kirchen (19. Jh.) wurden restauriert. Nach Şirince kommt man von Selçuk aus Richtung Osten über eine 8 km lange Asphaltstraße, von Selçuk verkehren stündlich Dolmuşbusse. *🕮 E9*

3 DILEK YARIMADASI MILLI PARKI

60 km/90 Min. südlich von Kuşadası (mit dem Auto)

Der große Nationalpark auf der Dilek-Halbinsel südlich von Kuşadası ist ein Naturgebiet rund um den Samsun-Berg. In der Vor- oder Nachsaison, wenn es nicht mehr ganz so heiß ist, solltest du hier unbedingt eine Wanderung auf den 1000 m hohen Bergrücken unternehmen, von wo aus sich dir eine phantastische Aussicht auf die Umgebung, auf das Meer und das fruchtbare Mäandertal bietet. Im Nationalpark leben seltene Tiere, von Luchsen bis zu ausgewilderten Pferden. Drei nicht überlaufene Strände (der größte heißt *Kalamaki)* laden zum Baden ein. Das Wasser ist hier sehr sauber. *Tgl. 7–20 Uhr | Eintritt 1 Euro, Auto ca. 2 Euro |* *D10*

4 PRIENE

60 km/1 Std. südlich von Kuşadası (mit dem Auto)

Die Ausgrabungsstätte besticht vor allem durch ihre wunderschöne Lage: Von dem Hochplateau aus genießt man einen phantastischen Blick über das Delta des Menderes (Mäander), des mit 584 km längsten Flusses der türkischen Westküste. Kaum vorstellbar, dass auch diese antike Stadt am Fuß des Samsun-Berges (früher Mykale) einmal am Meer lag, das heute kilometerweit entfernt ist. Priene mit seinen zwei Häfen hatte nie die Bedeutung von Ephesos oder Milet und verlandete bereits im 4. Jh. v. Chr. Die heutigen Ruinen stammen von einer Neugründung aus der Zeit um 350 v. Chr. und wurden vom Architekten Hippodamus aus Milet geplant: eine Stadt mit rechtwinklig angelegten Straßen, in der alle Häuser Tageslicht hatten und die Menschen in gerecht aufgeteilten Räumen lebten.

Den Neubau des über der Stadt thronenden *Athena-Tempels* finanzierte Alexander der Große, der auf seinem Feldzug gegen die Perser im Jahr 334 v. Chr. hier vorbeikam. Dieser Tempel und das 5000 Menschen fassende *Theater,* eines der ältesten in der Türkei, sind die bis heute am besten erhaltenen Ruinen von Priene. Unter Byzanz war die Stadt Bischofssitz, im Laufe des 12. Jhs. wurde sie verlassen. Die Funde aus Priene sind z. T. im

Ehemals griechisches Dorf in grüner Umgebung: Şirince verzaubert heute noch

İstanbuler Archäologischen Museum ausgestellt. *Tgl. 8–19 Uhr (im Winter 8.30–17 Uhr) | Eintritt 2 Euro | D10*

5 MILET

70 km/1 Std. südlich von Kuşadası (mit dem Auto)

Mitten in einer Brachlandschaft taucht die einstmals größte Stadt der westlichen Welt auf, in der im 8. Jh. v. Chr. über 100 000 Menschen lebten. Die schönsten Stücke aus ihrem kulturellen Erbe, so auch das *Markttor*, befinden sich heute im Berliner Pergamonmuseum. Aber das *Theater* – übrigens das besterhaltene antike Theater der Türkei – ist allein schon einen Besuch wert! Von hier aus blickt man auf die Ruinenstadt und das Tal.

In Milet lebten und wirkten so bedeutende Männer wie Thales, der die ersten geometrischen Gesetze entwickelte, und der Architekt Hippodamus. Die einstige Hafenstadt teilte mit der Zeit das Schicksal der meisten griechischen Städte an der Ägäis: Sie verlandete. Sehenswert sind neben dem Theater die Reste des *Athena-Tempels* aus dem 5. Jh. v. Chr., die *Südliche Agora* und das sogenannte *Hafenviertel*. Im angeschlossenen *Museum* sind Funde ausgestellt. *Ausgrabungsstätte April–Okt. tgl. 8–19, Nov.–März 8.30–17.30 Uhr, Museum tgl. 8–19 Uhr (im Winter 8.30–16.45) | Eintritt 2,50 Euro | D10*

6 BAFA GÖLÜ (BAFA-SEE)

60 km/1 Std. südlich von Kuşadası (mit dem Auto)

Am Fuß des vulkanischen Beşparmak-Gebirges (früher Latmos), unweit der antiken Stätten von Milet und Herakleia, liegt der sagenhafte Bafa-See, dessen Wasser noch heute leicht salzig ist: Er war bis zum 4. Jh. eine Meeresbucht, die nach und nach vom Meer abgeschnitten wurde. An der Bucht lag die Hafenstadt Herakleia, von wo aus der Marmor für die Prachtbauten der Region verschifft wurde, die Überreste der Stadt sind verschwunden. Ruinenstücke zwischen den Olivenbäumen und weidenden Kühen zu entdecken, ist ein Abenteuer für sich. Gegen die zunehmende Algenplage im See kämpfen die Umweltschützer schon länger. Am schönsten ist es hier im Frühling. Bei *Selenes Pansiyon (Tel. 0252 543 52 21 | selenespansiyon.com)* werden deutschsprachig geführte Wanderungen ins Gebirge angeboten, zu versteckten Klöstern und urzeitlichen Höhlen, in denen erstaunlich gut erhaltene Höhlenmalereien aus der Bronzezeit zu finden sind. *E10*

INSIDER-TIPP
10 000 Jahre alte Kunst

7 DIDYMA (DIDIM) ★

80 km/1 ½ Std. südlich von Kuşadası (mit dem Bus)

Der grandiose *Apollontempel (tgl. 9–19 Uhr | Eintritt 2 Euro)* in Didyma war nach dem Orakel von Delphi die wichtigste Kultstätte im antiken griechischen und später römischen Kulturkreis. Er wurde über einer heißen Quelle errichtet, aus der die Priester tranken, bevor sie ihre Weissagungen abgaben. Nachdem der Tempel von den persischen Eroberern zerstört worden war, beschlossen die Bürger

Was für ein Theater! Besser erhalten als das von Milet ist keines in der Türkei

den Wiederaufbau. Das Projekt wurde allerdings auch nach 600 Jahren Bauzeit nicht vollendet. Trotzdem bilden die Reste der einst 120 Marmorsäulen noch eine imposante Erscheinung. Am Eingang der Ausgrabungsstätte steht man riesigen Medusenhäuptern gegenüber, die zu den eindrucksvollen Verzierungen des Tempels gehörten. *Tgl. 8–19 Uhr (im Winter 8.30–17) | Eintritt ca. 3 Euro | D11*

BODRUM

(E12) **Die Bodrum-Halbinsel ragt am südwestlichen Zipfel der Ägäisküste weit ins Meer. Einst ein Fischerdorf, dann Domizil der türkischen Upperclass, ist ★ Bodrum (187 000 Ew.) heute eine Stadt, die sich an der Côte d´Azur orientiert: Billig-Pauschalreisende sind unerwünscht; schicke, mondäne Herbergen, Cafés, Restaurants und Geschäfte verleihen dem Ort einen Hauch von Exklusivität.**

Ende Mai beginnt die Saison, die engen Gassen der Stadt werden am Wochenende schier unpassierbar, und alle wollen einfach nur Spaß haben. Auf der Halbinsel gibt es kaum noch unverbaute Plätze. Trotzdem hat Bodrum mit seiner abends angestrahlten Burg und seinen weiß getünchten Häuschen einen unvergänglichen Charme. Der Strand vor der Tür, die vielen schönen Buchten und das gute Gastronomie- und Clubangebot sind die Highlights der Halbinsel.

Die Stadt Bodrum wurde 1000 v. Chr. dort, wo heute die Burg steht, als Halikarnassos gegründet, und erlebte ihre Glanzzeit im 4. Jh. v. Chr. unter König Mausolos. Sein Grabmal, das Mausoleum von Halikarnassos, einst eins der sieben Weltwunder, wurde bei einem

Erdbeben zerstört. Im 13. Jh. wurde Bodrum von den Türken eingenommen. Die antiken Reste liegen unter der heutigen Siedlung, Archäologen fanden jedoch ein Theater auf dem Hügel an der Landstraße und Teile der Stadtmauer am Myndos-Tor.

WOHIN ZUERST?

Erster Anlaufpunkt: eines der schönen Cafés am **Hafen** (300 m vom Busbahnhof). Hier pulsiert das Leben, am Hafen entlang an der vorgelagerten Johanniterburg vorbei führt die Flaniermeile der Stadt direkt zum innerstädtischen Strand Bodrums. Nach einem Bad lohnt eine Besichtigung der sehr gut erhaltenen Kreuzritterburg.

SIGHTSEEING

BURG VON BODRUM & UNTERWASSERMUSEUM

Das schönste Baudenkmal Bodrums bietet eine phantastische Aussicht auf die Stadt. Die Johanniterritter aus Rhodos begannen mit dem Bau der St. Peter geweihten Burg 1402. Der höchste Punkt der schön restaurierten Anlage ist der 47,50 m hohe Französische Turm. Außer dem Englischen, Deutschen und Italienischen Turm gibt es noch den sogenannten Schlangenturm. Eine kleine und eine große Tour sind ausgeschildert. *Di–So 9–19 Uhr | Eintritt 8,50 Euro*

In der Burg befindet sich mit dem *Unterwassermuseum* das erste Museum zu diesem Thema in der Türkei und eines der besten weltweit. In den historischen Gemäuern sind die Funde von zahlreichen Schiffswracks aus der Ägäis zu besichtigen. Die Amphoren, eine Glassammlung, ein gut erhaltenes Wrack und die Figur der karischen Königin Ada sind die Highlights. Schattiges Café im Hof. *Bodrum Kalesi (Burg): Di–So 9–16.30, Kasse schließt um 16 Uhr | Eintritt ca. 5 Euro; Bodrum Sualti Arkeoloji Müzesi (Unterwassermuseum)/Karyali Prenses Salonu (Saal der Karischen Prinzessin): Do/Fr 10–12 und 14–16 Uhr | Eintritt extra 2 Euro; Uluburun Batigi (Uluburun-Wrack): tgl. 9–12 und 14–16 Uhr | Eintritt 2 Euro | bodrum-museum.com*

MAUSOLEUM

Einst war es 42 m hoch, heute sind noch Reste des Fundaments und der Grabkammer zu besichtigen: Das Mausoleum wurde kurz nach dem Tod von König Mausolos 353 v. Chr. begonnen und Jahrzehnte später vervollständigt. Unten befand sich das Grabmal, darauf umrissen 36 Säulen einen ionischen Tempel, auf dem ein Denkmal in Gestalt eines Pferdegespanns mit Mausolos und seiner Schwester und Ehefrau Artemisia stand. Die Figuren und Reliefs befinden sich heute z. T. im British Museum. *Tgl. 8.30–16.30 Uhr | Eintritt 3 Euro | Turgut Reis Cad. 130 | ⏲ 45 Min.*

ZEKI MÜREN MUSEUM

Der Komponist und Interpret der türkischen Kunstmusik, einer Synthese aus byzantinischen und osmanischen Klängen, verbrachte seinen Lebensabend in Bodrum. Zeki Müren (1931–1996) bekannte sich nie verbal zu seiner Homosexualität, wurde aber mit seiner Lebensweise zum Vorreiter für

Was vom Mausoleum nicht in London gelandet ist, kann in Bodrum besichtigt werden

Schwule im Land. Sein Haus und persönliche Gegenstände sind zu besichtigen. *Tgl. 9–16.30 Uhr | Eintritt 0,50 Euro | Zeki Müren Cad. 19 | ⏲ 1 Std.*

THEATER

Das antike Theater erhebt sich auf dem Hügel hinter Bodrum. Mit seinen 25 Sitzreihen hat es Platz für mehr als 10 000 Menschen. Bei einem der regelmäßigen Konzerte im Sommer kannst du die stimmungsvolle Atmosphäre erleben. *Tgl. 8.30–16.30 Uhr | Eintritt 1,50 Euro | An der Landstraße nach Bodrum–Turgutreis*

ESSEN & TRINKEN

SÜNGER PIZZA

In Bodrum schon eine Institution, gleich gegenüber der Marina. Es gibt leckere Pizza, Lasagne, Salate, Steak und Co und das Preis-Leistungs-Verhältnis stimmt. *Marina Karşışı | Neyzen Tevfik Cad. 218 | Tel. 0252 3 16 08 54 | sungerpizza.com.tr | €€*

KISMET

Eine gute Wahl für ein leckeres, preiswertes Mittagessen. Auf der Karte stehen türkische Küche, viel Veggie genauso wie Hackfleischbällchen und gefüllte Paprika. *Tgl. 11–19 Uhr | Atatürk Blv. 35/A (unweit der Tankstelle Petrol Ofisi) | kismetlokantasi.com | €*

DIVAN PUB

Einer der schönsten Plätze in Bodrum, bei einem Sundowner zu sitzen, zu essen oder auch den Abend ausklingen zu lassen: Von der Marina aus schaust du aufs Mittelmeer, die Boote,

Flipflops sind das Schuhwerk der Wahl: Einkaufsbummel in Bodrums Gassen

die Burg, träumst vor dich hin und lässt dich hervorragend bewirten. *Tgl. 10–1 Uhr | Neyzen Tevfik Cad. 5 (Marina) | Tel. 0252 2 41 32 23 | €€€*

OTANTIK GRILL

Einmal ordentlich Kebap essen zum fairen Preis im netten Gartenlokal. Für Vegetarier gibt's Salate und Gemüseröllchen. *Tgl. 11–24 Uhr | Atatürk Cad. 46/B | Tel. 0252 3 13 00 58 | otantikocakbasi.com | €*

ORFOZ

In Bodrum kann man exzellent Fisch essen gehen– am besten zart gegrillt. Ein hervorragendes Fischrestaurant, in dem garantiert frische Ware auf den Teller kommt, ist Orfoz. Hier gibt es auch Ausgefallenes wie Austern mit Parmesan, Seezunge in Olivenöl, blauen Krebs und eine tolle Fischsuppe. *Tgl. 19–0.30 Uhr (im Winter Do–So) | Zeki Müren Cad. 13 | Tel. 0252 3 16 42 85 | orfoz.net | €€€*

INSIDER-TIPP
Hashtag „foodporn"

DÜKKAN

Lust auf eine griechische Insel? Blauweiße Taverne im Innenhof eines restaurierten Steinhauses. Gute Vorspeisen, sehr familiär. Empfehlenswert ist der in Honig marinierte Tintenfisch vom Grill. *Mo–Sa 16–1 Uhr | Çarşı Mah. Adliye Sok. 5 | Tel. 0530 3 41 66 20 | €*

SHOPPEN

WOCHENMÄRKTE

Die Märkte auf der Bodrum-Halbinsel sind berühmt: Frische landwirtschaftliche Produkte sind hier genauso zu haben wie Klamotten, Handtaschen, Schuhe, Teppiche und Kelims sowie handgefertigte, schöne Souvenirs. *Marktkalender: Mo in Türkbükü, Di in Bodrum-Zentrum, Yalıkavak u Gölköy, Mi in Ortakent, Gümüşlük u. Gündogan, Do in Yalıkavak (alles außer Lebensmittel) und Akyarlar, Fr beim Busbahnhof Bodrum (nur Lebensmittel), Sa in Turgutreis, So in Gümbet u. Mumcular.*

MIDTOWN AVM

Keine Stadt ohne Einkaufszentrum, auch in der Türkei! Von Unterwäsche bis zum Ladekabel für das Handy bekommst du hier alles, und ziemlich hochwertig dazu. Auch ein Kino und Konzerte gibt es. Minibusse vom Busbahnhof (Otogar) zum Vorort Ortakent halten hier. *Tgl. 10–22 Uhr | Cumhuriyet Cad., Ortakent | midtown.com.tr*

MUDO

Die gute türkische Konfektionsmarke für Männer und Frauen ist vor allem für feine Baumwollhemden bekannt. Auch Badeanzüge und Shorts, Handtaschen, Sandalen u.Ä. kannst du hier shoppen. *Tgl. 10–22 Uhr | An der Burg, Kale Cad. 47 und in der Marina, Neyzen Tevfik Cad. 11 | mudo.com.tr*

SOCRATES

Ein besonderes Souvenirgeschäft, in dem du allerlei findest, vor allem die Textilien (auch Sommerkleider) aus Naturfasern sind hübsch. Die Ladenbesitzerin Hülya spricht Deutsch und Englisch. *Çarşı Mah. Taslik Sok. 8/A*

JUWELIERE

Wer echten Schmuck will, wird in den Gassen direkt hinter der Burg fündig. *Zen (Belediye Meydani 16)* hat erstklassige Diamanten, *Arkar (1000. Sok. 5)* gute Halbedelsteine. *Black & White Silver (Kale Cad. 15)* bietet Gold und Silber für jedes Budget. *Tgl. 9–24 Uhr*

SPORT & SPASS

WASSERSPORT

Gümbet, Bitez und *Güvercinlik* sind die Windsurfzentren Bodrums. Mehrere Clubs bieten Tauchkurse und Exkursionen an, z. B. das britisch-türkisch geführte *Aquapro Diving (Bitez | Kenan Dogan, dt.sprachig | aquaproturkey.com)* mit Einzel- und Gruppenkursen.

BLAUE REISE ★

Von der Bodrum-Marina aus starten täglich größere Gulet-Boote zu umliegenden Inseln wie Karaada oder Orak. Vor einer „Blauen Reise" solltest du dich über Boote, Termine und Preise informieren. Entweder stellt man schon zu Hause selbst eine Gruppe zusammen und mietet ein ganzes Boot – oder aber nur eine Kabine. Alkohol und Extras kaufst du selbst. *Ece Yachting (mit Kabinencharter: ab 300 Euro p. P./Wo in der Doppelkabine, Vollpension ohne alkohol. Getränke | Fevzi Cakmak Cad. 23 | Tel. 0252 6 14 00 14 | Mobil: 0532 4 61 89 88 | eceyachting.com)* hat eine breite Auswahl an Booten mit erfahrenen Crews – eine empfehlenswerte Agentur, die landesweit Einzel- und Gruppenreisen anbietet. Von Kos, Symi und Rhodos bis hin zum Golf von Gökova bei Bodrum, und Kekova bei Kaş/Antalya variieren die Routenverläufe, die du auch ganz einfach mit Wandertouren kombinieren kannst. Wer privat, mit oder ohne Skipper, in See stechen und seine Route selbst bestimmen will, findet vor Ort in der Marina unter *viravira.co* eine große Auswahl an Motor- und Segelbooten in jeder Preisklasse.

AUSGEHEN & FEIERN

Am Hafen, dem *İskele Meydanı,* liegen viele Cafés. Hier beginnt die *Dr. Alim Bey Caddesi,* Bodrums quirlige Amüsiermeile, die in die *Cumhuriyet Caddesi* übergeht. Parallel zum Meer reiht sich eine Kneipe an die andere – die an der Meerseite haben Strandliegen oder Terrassen mit Blick auf die Burg.

Auf dem *Hilmi-Uran-Platz,* auch „Pide-Platz" genannt, lässt sich noch später Hunger stillen: Hier gibt es bis spätabends türkische Pizzen *(pide)* und Snacks. Am nächsten Platz, *Azmakbaşı,* findest du das *Fasıl Café Raşit,* wo du ab 23 Uhr türkischer Livemusik lauschen kannst. Die Terrassenbar *Bebek* bietet einen phantastischen Blick auf die Burg. Die Kneipen schließen, wenn die letzten Gäste gehen.

VELI BAR

Seit 1977 eine Instutition in Bodrum. Hier gibt es sehr guten Jazz zu hören, deshalb findet sich nicht nur junges Publikum ein. In der Happy Hour von 19 bis 22 Uhr kostet jeder Drink nur die Hälfte. *Tgl. 9–4 Uhr | Dr. Alim Bey Cad. 9 | velibar.com*

Bunt geht es auch unter der Wasseroberfläche vor Bodrums Küste zu

MANDALIN SOUND
Direkt am Wasser bei der Burg wurde ein altes Lagerhaus in einen Club umgewandelt und mit Zedernholz veredelt. Jazz, Blues, Funk und Latin, gibt's hier, manchmal auch live. Das Motto? „Enjoy the sound". Draußen genießt du den Blick. *Tgl. 22–4 Uhr | Dr. Alim Bey Cad./Ecke 1025. Sok.*

MOONLIGHT CAFE BAR
Mit Sicht auf die Burg und am Meer sitzt du hier tagsüber beim Latte Macchiato und nachts beim Wein, Bier oder Cocktail und steckst die Füße in den Sand. Einfach eine Flasche „Antik"-Weißwein bestellen und sich des Lebens freuen! *Tgl. 10.30–4 Uhr | Cumhuriyet Cad. 60/B | Tel. 0252 3 13 20 85 | moonlightbodrum.com*

MAVI BAR
Die „Blaue" (Mavi), wie die kleine Kneipe auf drei Etagen kurz genannt wird, ist eine Institution. Von hier aus verbreitete sich vor fast vierzig Jahren die alternative Musikkultur übers Land. Hier relebst du Liveauftritte von Liedermachern und kleine Kunstausstellungen, dazu werden Cocktails, Raki oder auch Fassbier serviert. *Tgl. 18–5 Uhr | Cumhuriyet Cad. 175 | Instagram: @bodrummavibar*

INSIDER-TIPP
Live seit 1983

RUND UM BODRUM

8 BODRUM-HALBINSEL
20 km/30 Min. nordwestlich von Bodrum nach Yalıkavak (mit dem Auto)
Die Bodrum-Halbinsel ist, trotz vieler Ferienvillen und Hotels, immer noch grün und hat schöne Buchten zum

Nicht zu übersehen: die Moschee in Milas

Baden. In mondänen Yachthäfen lässt es sich gut bummeln und ausgehen. *Gümbet* mit seinem flachen, aber etwas kühlen Meer und den steten Nachmittagswinden eignet sich ausgezeichnet zum Surfen. Weitere Strände gibt es in *Bitez, Ortakent-Yahşi, Kargı* und *Karaincir*. Neben den Buchten *Tilkicik, Pascha* und *Ağaçbaşı* zählt *Yalıkavak* zu den besten Badebuchten der Halbinsel – der Strand fällt flach ab, ist sehr sauber und feinsandig. Hier findest du ziemlich schicke Restaurants mit Blick aufs Meer wie *Kavanoz (Baris Cad. 3), Zuma (Cökertme Cad. 36), Boho (Plaj Cad. 28)* und *Brava (Balyek Cad. 5A)*, allesamt obere Preisklasse. In Yalıkavak stehen zudem einige der für Bodrum typischen Windmühlen. An der Südspitze der Halbinsel liegt *Akyarlar*, ein malerischer Ort mit Tavernen und einem netten Kieselstrand. Sehr schön, aber auch windig ist die Bucht von *Gümüşlük*. Auf dem lykischen Myndos (4. Jh. v. Chr.) gebaut, besteht das Dorf aus Steinhäusern; in vielen davon haben sich Künstler niedergelassen. Die hiesigen Restaurants am Meer zählen zu den besten Bodrums. *D–E 11–12*

9 MAZI

50 km/50 Min. östlich von Bodrum (mit dem Minibus ab Busbahnhof)

Mazı ist eine ruhige Bucht am Golf von Gökova mit jahrhundertealten Olivenbäumen und kristallklarem Wasser. Das Dorf lebt vom Teppichknüpfen. Hier kannst du deinen Milas-Teppich direkt vom Webstuhl kaufen. Es gibt einige schlichte Pensionen mit Restaurantbetrieb am Kieselstrand, z. B. *Taş Pansiyon (Tgl. 9–21 Uhr | İnceyalı Mevkii | Tel. 0532 6 56 76 59 | mazi-tasturizm.com | €)*. Du fährst bei Güvercinler Richtung Mumcular ab, dann kommen Yeniköy, Yukarı Mazı und Aşağı Mazı am Meer. *E12*

10 MILAS

45 km/40 Min. nordöstl. von Bodrum (mit dem Minibus vom Busbahnhof)

Ein Besuch der alten karischen Stadt Mylasa (heute 130 000 Ew.) lohnt; die Altstadt ist eine der besterhaltenen in der Türkei. Die *Firuz-Ağa-Moschee* im Zentrum mit dem traditionellen Teegarten stammt aus der Zeit des Fürstentums der Menteşe (14. Jh.). In Mılas kannst du gute Kupferware und Souvenirs erwerben. Westlich der Stadt liegt *Gümüşkesen* (ausgeschildert), eine Grabstätte aus dem 2. Jh., die wie eine kleine Akropolis aus dem Gebüsch ragt. Von İzmir und Bodrum fahren Busse hierher. *F11*

MARMARIS

(G12) **Neben Bodrum ist ★ Marmaris (ca. 96 000 Ew.) das zweite Highlight der südlichen Ägäis und trotz der hohen Besucherzahlen ruhiger und viel grüner als Bodrum.**

Marmaris ist eine moderne Kleinstadt, die von bewaldeten Bergen umgeben in einer tiefen Bucht liegt. Die große Marina, der Basar, der Strand vor der Tür und das rege Nachtleben sind ihre Vorzüge. Außerdem ist der Ort sehr gut angebunden: Der Flughafen ist nur knapp 100 km entfernt und wird von internationalen Linien angeflogen, Kreuzfahrtschiffe legen in der großen, fjordartigen Bucht an und Überlandbusse verkehren von und zu allen Großstädten des Landes.

Von dem antiken Physkos, der Hafenstadt der Karer, ist nicht viel übrig geblieben – außer der Bedeutung als Hafenstadt: Die Marina von Marmaris ist die größte des östlichen Mittelmeers und zugleich der Ausgangspunkt für Touren in die Umgebung einschließlich der griechischen Inseln. Mit dem Golf von Gökova im Norden mit seinen zahlreichen Buchten, den Inseln der Dodekanes gleich vor der Tür und den Halbinseln Datça und Bozburun in Reichweite, ist Marmaris eine Perle der Ägäisküste. Da die Stadt für die osmanische Flotte ein wichtiger Stützpunkt war, gibt es hier auch manche Sehenswürdigkeiten aus vergangenen Jahrhunderten.

Der schönste Ort ist zweifelsohne der Yachthafen. Heute reiht sich ein großes Segelboot ans andere – die „Blaue Reise" startet von hier aus zum Golf von Gökova oder man setzt über nach Rhodos und Symi. Deshalb bevölkern hier besonders viele Segeltouristen die Kneipen am Kai. Das Hinterland ist grün, mit Flüssen, Wasserfällen und Wandergebieten.

SIGHTSEEING

KALE (BURG)

Auf den Resten des alten ionischen Kastells ließ Suleiman der Prächtige, Sohn des Eroberers von İstanbul, Mehmets II., 1522 eine Burg errichten,

WOHIN ZUERST?

Treffpunkt und Ausgangspunkt jeder Besichtigung von Marmaris ist das **Atatürk-Denkmal** an der Uferpromenade. Du erreichst es vom Busbahnhof mit einem Sammeltaxi, vom Flughafen mit dem Taxi oder einem Servicebus. Von hier aus erstreckt sich zur rechten Seite der innerstädtische Badestrand, linkerhand beginnt das Basarviertel. Außerdem starten vom Anleger am Atatürk-Platz die Boote für Tagesausflüge in die Umgebung.

als Stützpunkt für seinen Eroberungszug nach Rhodos. Heute dienen mehrere Säle als Museum, in dem u. a. ein türkisches Haus nachgebaut ist und archäologische Funde aus der Umgebung, vor allem aus Knidos, gezeigt werden. *April–Okt. Di–So 8.30–19, Nov.–März 8–17 Uhr | Eintritt ca. 3 Euro*

KARAWANSEREI (HAFZA SULTAN HAN)

Die Karawanserei im Ortszentrum ist ein schönes Beispiel osmanischer Kommerzbauten. Sie wurde 1545 errichtet und beherbergt heute statt kostbarer Seidenstoffe aus Samarkand touristische Souvenirläden.

ANTIKES THEATER

Das antike Theater ist restauriert und wird heute als Amphitheater auch für Musikveranstaltungen genutzt. Von den Rängen des Theaters hat man einen schönen Blick auf die Stadt. *Hatiprimi Mah/ 148 Sok. 4*

GÜNNÜCEK MILLI PARK

Das Naturschutzgebiet am Rande der Stadt ist eine grüne Oase mit Wanderwegen und lauschigen Picknickplätzen. Du erreichst es über die Straße hinter der Marina und dem Fähranleger der Rhodos-Fähren, rund 3 km weiter durch den Wald. Das Naturschutzgebiet reicht bis ans Meer und hat auch eine kleine Badestelle. *Mustafa Münir Elgin Bulvari | Eintritt 2 Euro | marmaris.tabiat.gov.tr*

KARAWANSERAI TAŞHAN

Diese Karawanserei stammt – wie auch die daneben liegende Bogenbrücke *Kemerli Köprü* – aus dem Jahr 1552, als die Osmanen das östliche Mittelmeer weitgehend unter ihre Kontrolle brachten. *10 km außerhalb, in Richtung Muğla*

ESSEN & TRINKEN

AZMAKBAŞI RESTAURANT

Einfach, gut, preiswert: An der kleinen Brücke zur Marina liegt links das kleine Fischlokal. Hier gibt es neben frischen Meeresfrüchten auch leckere Salate und vegetarische Vorspeisen. *Tgl. 10–02 Uhr | 17. Sokak | links der Marina | Tel. 0252 4 13 12 06 | €*

PINEAPPLE

Das beliebte Restaurant in der Marina ist für seine Lammgerichte aus dem Ofen bekannt *(z. B. kuzu incik)*. Im oberen Stockwerk englisches Pub mit Blick über den Hafen. *Tgl. 9–1 Uhr | Netsel Marina Alışveriş Merkezi (Ladenpassage) | Tel. 0252 4 12 09 76 | pineapple.com.tr | €€–€€€*

KALIMERA

Griechische Musik und Tänze werden an der türkischen Küste immer beliebter. Die Tavernenkultur wurde auch durch Istanbuler Griechen erfunden. Die Kneipe liegt im Hafen und bietet eine Synthese aus griechischer und türkischer Küche samt Saganaki und Garnelen aus dem Ofen. *Tgl. 11–1.30 Uhr | Barbaros Cad. 95 | Tel. 0532 3 22 14 01 | kalimeramenu.com | €€*

SEA CLUB

Das gediegene Fischrestaurant in der Netsel Marina mit italienischem Touch und schönem Blick bietet von Frühstück über Brunch und Lunch bis zum Candlelight-Dinner alles, was das Herz begehrt. *Tgl. 8–1 Uhr | Netsel Marina D/1 Blok | Tel. 0252 4 13 48 57 | €€€*

SHOPPEN

Falls du noch etwas für deine Lieben zu Hause suchst: Marmaris hat eine ganze Reihe von Souvenirläden, Teppich- und Ledergeschäften sowie Juwelieren zu bieten. *Netsel Marina* führt nur Nobelmarken. Im Zentrum gibt es den nicht zu verfehlenden überdachten *Basar Marmaris*. Im *Çarşı*, dem Marktviertel, sind die Preise etwas niedriger.

MARKT

Unweit des antiken Theaters, auf der anderen Seite des Friedhofs, liegt der große Markt. Auch wenn du nicht für die eigene Küche einkaufen musst, ist ein Besuch jedes Mal ein Erlebnis. Immer donnerstags bieten hunderte Händler aus der Umgebung ein überwältigendes Sortiment an Früchten, Gemüse, Fisch und Fleisch, aber auch Haushaltswaren an. *Do | Kemeralti Mah./ 91 Sok. 10*

SPORT & SPASS

TAUCHEN

Wie fast überall an der Ägäisküste kannst du auch in bzw. vor Marmaris hervorragend tauchen; ein Anbieter ist z. B. die *Deep Diving School (Çıldır Mah. | 103. Sok. 22 | Tel. 0532 2 93 26 12 | Facebook: deep divingschoolmarmaris).* Das Tauchrevier ist die sogenannte „dritte kleine Tasche" *(Üçüncü Küçük Cep)* bei der Phosphorhöhle.

RAFTING

Der Fluss *Dalaman* gehört zu den besten Raftingstrecken der Region. Veranstalter in Marmaris ist z. B. *Alternatif Raft (Şirinyer Mah., 133. Sok. 10/1 | alternatifoutdoor.com).*

BOOTSTOUREN

Marmaris ist auch ein Abfahrtshafen für „Blaue Reisen". Die Touren sind für ein oder zwei Wochen buchbar und führen in der Regel in den Golf von Gökova. Oder du entscheidest dich für eine Tour zu den griechischen Inseln. Unterwegs gelangst du in unzählige kleine Buchten, in denen du baden und kleine Wanderungen unternehmen kannst. Veranstalter: *Barbaros Yachting (Tel. 0252 24 13 20 28 | barbarosyachting.com)*

Von Marmaris nach *Rhodos* kann man täglich mit Katamaranen und mehrfach in der Woche mit einem kleinen Passagierschiff übersetzen. Hauptsächlich zwei Reedereien verkehren zwischen den beiden Zielen: die türkische Firma *Yesil Marmaris (yesilmarmarislines.com)* und die griechische *Sea Dreams (seadreams.gr).* Wer einen empfindlichen Magen hat, startet früh – vormittags ist die See ruhiger. Vom Hafen gibt es zudem Tagestouren zu den Badeorten *Cennet Adası, Amazon Koyu* und *Kilise Koyu.* Hinter der Netsel Marina liegt der grüne Ort *Günnücek* mit einem Picknickareal und Strand.

Genuss in der blauen Stunde: unterm freien Abendhimmel in Marmaris schlemmen

RADTOUREN

Von Marmaris' Zentrum aus kannst du eine schöne Radtour mit Blick aufs Meer nach *Icmeler* unternehmen. Ein durchgängiger Fuß – und Radweg führt zunächst am Strand und hinter der Stadtgrenze unterhalb der Luxushotels direkt am Wasser entlang. Ein weiteres Ziel mit dem Rad ist *Adaköy,* am anderen Ende der großen Bucht von Marmaris. Man fährt am Busbahnhof und dem Rhodos-Fähranleger vorbei auf einer gut ausgebauten Straße durch den Wald bis Adaköy, wo die Straße endet. Leihräder bekommst du bei *Marmaris Safari Bike Shop (Hasan Isik Cad. 5 | Tel. 0537 2 58 01 04)* rechts vom Atatürk-Platz.

AUSGEHEN & FEIERN

Wie jedes größere touristische Zentrum am Mittelmeer hat auch Marmaris seine Kneipenmeile. Hier heißt sie *Hacı Mustafa Sokak.* Die Bars sind überwiegend britisch und irisch, wie das Publikum und die Musik. *Greenhouse (tgl. 17–2 Uhr | Barlar Sokağı | greenhouse.com.tr)* und *Backstreet (tgl. 17–2 Uhr | Tepe Mah. | Barlar Sokağı 39)* sind die In-Diskos. In den großen Open-Air-Lokalen von Marmaris empfiehlt es sich, die Rechnung zu prüfen.

INSIDER-TIPP
Holzauge, sei wachsam!

An der Marina gibt es schöne Bars, die höheren Ansprüchen genügen, z. B. *Robert's (tgl. 8–1 Uhr | Sarıana Mahallesi, Netsel Marina | robertscoffee.com.tr)* mit einer schönen Auswahl an Cocktails.

Ein Erlebnis sind *Mondscheintouren (22–2 Uhr | 5 Euro | Abfahrt am Hafen)* auf Ausflugsbooten.

BONO GOOD TIMES

Morgens Frühstück, mittags und abends Mittelmeerküche mit Niveau, abends Bar und Kneipe, DJs bis spätnachts. Hier ist es schick und mondän mit Blick auf die Marina. *Tgl. 9–2 Uhr | Barbaros Cad. 269 | Tel. 0541 4 00 08 35 | bonogoodtimes.com | €€€*

RUND UM MARMARIS

11 SEDIR ADASI (CEDREAE)

35 km/40 min. nördl. von Marmaris bis Taşbükü (mit dem Auto)

Die Insel ist berühmt für ihren „Kleopatra-Strand". Es heißt, der römische Feldherr Marcus Antonius habe den feinen Sand für seine Angebetete aus Ägypten herbeischiffen lassen. Tatsächlich ist dieser extrem helle, rundkörnige Sand im Mittelmeer außer in Ägypten nur noch auf Kreta zu finden. Deshalb ist es verboten, Sand als Andenken mitzunehmen! Das Wasser ist glasklar. Ihren Namen hat die Insel von den hier wachsenden Zedern *(sedir),* deren Holz beim Bootsbau bevorzugt wird. Die Ruinen eines *Apollo-Tempels,* eines antiken *Theaters* und einer *Nekropole* aus griechischer Zeit sind zu besichtigen. Auf halber Strecke zwischen Marmaris und Gökova kannst du vom Fähranleger Taşbükü aus bis mittags ein Boot zur Sedir Adası nehmen (Rückkehr 16–17 Uhr). Der Besuch der Insel kostet Eintritt *(5 Euro).* G12

12 BAYIR

30 km/45 Min. südwestl. von Marmaris (mit dem Minibus)

Das Bergdorf inmitten der bewaldeten Hänge der Bozburun-Halbinsel ist besonders in den heißen Sommermonaten eine schöne Abwechslung zum Strand. Es ist immer ein paar Grad kühler als in Marmaris und bietet einen schönen Einblick in die bäuerliche Kultur der Umgebung. Die Attraktion ist eine mehr als tausend Jahre alte Plantane, um die herum ein schöner Teegarten platziert ist. In Bayır werden Honig und Olivenöl aus eigener Produktion angeboten, dazu eine große Auswahl von Kräutern aus der Umgebung. *Vom Busbahnhof in Marmaris mit dem Minibus nach Söğüt, ungefähr auf halber Strecke nach Söğüt.* G13

INSIDER-TIPP
Gutes aus der Gegend

13 SELIMIYE & BOZBURUN

Selimye: 45 km/50 Min.; Bozburun: 50 km/1 Std. südwestl. von Marmaris (mit dem Auto)

Selimiye und Bozburun auf der gleichnamigen Halbinsel vor Marmaris haben sich in den letzten Jahren von verschlafenen Fischerdörfern zu schicken Ferien- und Segelorten entwickelt. Während sich in Selimiye eher hochpreisige Boutiquehotels und Restaurants (direkt am Meer!) niedergelassen haben, ist Bozburun rustikaler und mehr vom Yachttourismus geprägt. Zahlreiche Blaue-Reise-Yachten haben hier ihren Heimathafen, aber der Ort wird auch gern von privaten Yachten angefahren. In den *Werften* kannst du beim Bau der ortstypischen Holzboote *tirhandil* und *gulet* zusehen und am Kai in ruhigen Cafés und Restaurants essen, trinken und entspannen. Im *Buena Vista (tgl. 12–2 Uhr | Cumhuriyet Cad. 35 | Tel. 0252 4562599 | hotelbuenavista.net | €€)* direkt an der Hafenkante wird gutes Essen angeboten.

Bozburun hat einen schönen kleinen Strand am nördlichen Ende des Orts. Jeden Morgen um 10 Uhr starten Ausflugsboote in die Buchten der Umgebung. Mit dem Minibus fährst du von Bozburun etwa 8 km weit nach Sögüt und ins *Restaurant Octopus (Tgl. 9–24 Uhr | Iskele Mah. | Sögüt | Tel. 0554 9202525 | €€€).* Am besten machst du dich früh auf den Weg: In dem Restaurant am Meer mit eigenem Steg kannst du nämlich nicht nur köstlich essen, sondern davor auch herrlich baden. Das Lokal gehört zu einem kleinen Hotel namens *Askin* mit Kieselstrand an einer ruhigen Bucht und ist schick, ohne affektiert zu sein. Viele Gäste gehören zu den ankernden Segelbooten.

INSIDER-TIPP
Köstlichkeit aus dem Meer

Deine Vorspeisen wählst du am Kühlschrank aus. Den gegrillten Oktopus darfst du dabei nicht vergessen – viele kommen allein deshalb hierher.

Oder du machst einen Ausflug von Bozburun in die andere Richtung: Das schöne Restaurant *Sardunya (7 km nördlich vom Zentrum auf dem Weg*

Handarbeit hat Tradition beim Bau der Holzboote in Bozburun

nach Marmaris, Selimiye Köyü | Tel. 0252 4 46 40 03 | sardunya.info | €€) gehört zu einer Pension und auch hier kannst du den ganzen Tag am Kieselstrand sonnenbaden, schwimmen gehen und essen, wenn dir danach ist.

Vom Busbahnhof in Marmaris fahren *Minibusse (April bis Okt. tgl. 10.30, 12, 14.30, 16, 17.30, 19 Uhr)* über Selimiye nach Bozburun. *F13*

DATÇA

(E13) **Das frühere Fischerdorf (24 000 Ew.) auf der Datça-Halbinsel (auch Reşadiye-Halbinsel) ist wegen der Entfernung zum Flughafen immer noch ein Tipp für Reisende, die etwas abseits des Touristenrummels Erholung im ruhigen, gepflegten Ambiente aus restaurierten Steinhäusern, Mandelhainen und netten Cafés suchen.**

Auch wenn in den letzten Jahren viel gebaut wurde und die Stadt stark gewachsen ist, ist es hier weder laut noch anstrengend. Rund um den Segelhafen befinden sich Restaurants, Hotels und Pensionen, die auch höheren Ansprüchen genügen. Datça besticht aber vor allem durch seine natürliche Schönheit: Wildbäche, in deren eisigem Wasser man baden kann, riesige Platanen und die drei Bs – *badem* (Mandeln), *balık* (Fisch) und *bal* (Honig) – machen die Halbinsel zu einem Paradies, das noch weitgehend vom Pauschaltourismus verschont geblieben ist. An ihrer Spitze liegt das antike Knidos, über das der altgriechische Historiker Strabon schrieb, dass es eine Stadt sei, die „für die schönste der Göttinnen, Aphrodite, auf der schönsten aller Halbinseln der Erde" erbaut worden sei. Wer auf den Hügel

Durchatmen, Blicke schweifen lassen, runterkommen: das entspannte Fischerdorf Datça

klettert, genießt einen weiten Blick aufs Meer.

SIGHTSEEING

ALT-DATÇA (ESKI DATÇA)

Attraktiver als das touristische Neubauviertel am Hafen ist das rund 3 km von der Küste entfernt gelegene alte Datça *(Eski Datça)*. Das Dorf ist voller Mandel-, Feigen- und Zitrusbäume. Es ist in seiner Substanz erhalten geblieben und teils sehr schön restauriert. Stadtmüde Künstler zieht es in Scharen hierher. Ausgrabungen haben Keramikwerkstätten aus dem 4. Jh. v. Chr. zutage gebracht, die du an der Straße nach *Hızırşah* besichtigen kannst.

ESSEN & TRINKEN

ESKI MEYHANE

Liebevoll eingerichtete Taverne mit weißen Tischen und ausgefallenen Vorspeisen wie Shrimps mit Honigmelone – vorher reservieren ist ein Muss! *Tgl. 9–24 Uhr | Iskele Mah. 70. Sok. 1 | Tel. 0252 7 12 97 46 | €–€€*

EDE CAFÉ

Ein ruhiges und kühles Plätzchen im Grünen in Eski Datça. Neben Kaffee und Kuchen gibt es hier kleine Gerichte wie die türkischen Ravioli *(manti)* – mit Hackfleisch gefüllte Teigbällchen in Knoblauch-Joghurt-Sauce. Drüber kommen noch geschmolzene Butter, Minze und scharfes Paprikapulver – lecker. *Tgl. 9–0 Uhr | Eski Datça Mah. | Hurma Sok. 23 | Tel. 0252 7 12 21 29 | €*

INSIDER-TIPP
Musst du probiert haben!

CULINARIUM

Wie der Name schon sagt: Das ist was für Feinschmecker. Neben Vorspeisen aus dem Meer und den umliegenden

Gärten bietet es eine gute Auswahl für Vegetarier. Der Fisch ist von bester Qualität. In der Hochsaison solltest du reservieren. *Tgl. 12–23 Uhr | Osman Akkaraca 64 Sokak 20 | Tel. 0252 7 12 97 70 | culinarium-datca.com*

SHOPPEN

Auf der ganzen Halbinsel wachsen wilde Kräuter, die auf dem täglichen Markt verkauft werden. Thymian und Thymianhonig als Souvenirs solltest du deshalb unbedingt mitnehmen. Die Halbinsel ist zugleich Hauptanbaugebiet von Mandeln. Erntezeit – auch für Feigen – ist im Juli.

SPORT & SPASS

Die guten Windverhältnisse machen Datça wie Alaçatı zu einem Surferparadies. Der *Dirik Surf Club (Kizlanalti Gebekum Mevkii 479 | Tel. 0545 5 38 32 15 | diriksurfclub.com)* direkt am Meer mit großem Gelände bietet neben Zimmern auch Bungalows und ein Steinhäuschen. Hier gibt es neben dem Verleih auch Surf-, Tauch-, Kite-, Katamaran- oder Kanukurse, bei netten Lehrern und guten Preisen. Du kannst außerdem vom Hafen aus Bootstagestouren zu schönen Buchten unternehmen, die sich zum Schnorcheln eignen. Es gibt eine tägliche Fährverbindung nach Bodrum. Vom Hafen setzen auch täglich Fähren zur griechischen Insel *Sími (Sömbeki)* über. Aktuelle Zeiten und Preise erfährst du am Hafen in jedem Reisebüro und unter *feribotlines.com*. Die Überfahrt nach Simi dauert ca. 50 Minuten und kostet pro Person etwa 40 Euro.

STRÄNDE

Viele baden gleich am Hafen, obwohl das Wasser nicht besonders sauber ist. Es gibt jedoch vier Badestrände in fußläufiger Entfernung, die genug Platz bieten: *Kumluk, Şifalı Göl, Taşlık* und *Hastane Altı* (Blaue Flagge der EU). Minibusse fahren von Datça aus regelmäßig auch zu den schönen Buchten *Kargı* und *Palamutbükü*.

AUSGEHEN & FEIERN

Schöne Ausgehadressen in Datça sind die Cocktailbar *Coop Live* am Hafen mit guten Bands und tollen Drinks. Unschlagbar ist der *Yacht Club* am Hafen – gediegen und cool.

RUND UM DATÇA

14 KÖRMEN (KARAKÖY)

Ca. 10 km/30 Min. nordwestlich von Datça (mit dem Minibus)

Das hübsche Hafenstädtchen Körmen (5000 Ew.) wird von den Einheimischen auch Karaköy genannt. Auf dem Weg hierher kommst du an den Orten *Hızırşah* und *Reşadiye* vorbei. Körmen selbst ist einen Besuch wert, aber auch deshalb interessant, weil von hier aus im Sommer dreimal täglich eine Fähre in

INSIDER-TIPP
Wassertaxi zum Airport

Kunstvolles aus längst vergangenen Zeiten: im Theater in Knidos

90 Min. nach Bodrum fährt – der schnellste Weg, um von hier unten zum Flughafen zu gelangen. Infos unter *Tel. 0252 712 21 43 (Datça), 0252 316 08 82 (Bodrum)* und *bodrum feribot.com.* *E12*

15 PALAMUTBÜKÜ

30 km/45 Min. westlich von Datça (mit dem Minibus)

Palamutbükü ist ein schönes Dorf auf halber Strecke zwischen Datça und Knidos. Etwa 4 km unterhalb des Dorfes hat sich ein neues Stranddorf entwickelt, das bei vielen Istanbulern, das bei vielen Istanbulern, die keinen großen Touristenrummel wollen, sehr beliebt ist. Es gibt viele schöne Cafes und kleine Pensionen. Das beste aber ist der Strand: ohne Sand, dafür aber ein sehr sauberer Kieselstrand mit kristallklarem Wasser, das auch im Hochsommer Abkühlung bietet. *E13*

16 KNIDOS ★

40 km/80 Min. westlich von Datça (mit dem Auto)

Knidos gehört zu den spektakulärsten antiken Stätten der Türkei – nicht, weil dort besonders viel erhalten blieb, sondern wegen der einmaligen Lage an der Spitze der Halbinsel – dort angekommen eröffnet sich dir eine grandiose Kulisse! Eingerahmt von zwei Häfen, die durch eine schmale Landbrücke getrennt sind, lag die Stadt an zwei sich gegenüberliegenden Hängen, geschützt durch einen wild zerklüfteten Gebirgszug. Die antike Stadt gehörte im 4. Jh. v. Chr. zu einem griechischen Städtebund, deren Zentrum Rhodos war. Das Apollo-Heiligtum in Knidos war die Schwurstätte des Bundes, auch wurde hier vor allem Aphrodite, die Patronin der Seefahrer, verehrt. Leider ist nicht mehr viel von den antiken Bauten übrig. Am besten erhalten ist das *Theater,* von dem aus man einen großartigen Blick aufs Meer hat. Türkische Archäologen haben zwischen 2006 und 2016 Teile der alten Tempel wiederaufgerichtet und einen Besichtigungspfad durch die Ausgrabungsstätte angelegt. Das größte Kunstwerk von Knidos, von dem auch Homer berichtet, – eine berühmte Venus von Praxiteles – wurde nie gefunden. In der Bucht am Fuß der antiken Stätte kannst du baden, auch ein gutes Fischrestaurant (*Knidos Balık Restoran | tgl. 11–23 Uhr)* findest du hier. Angenehmer als über die Straße erreicht man Knidos von Datça aus per *Boot (Tagestour 15–20 Euro p.P.). ⏲ 1 Tag | 🕮 E13*

17 SÍMI (SÖMBEKI)

25 km/ca. 90 Min. von Datça (mit der Fähre)

Wenige Kilometer vor Datça, bei klarem Wetter scheinbar zum Greifen nahe, liegt die griechische Insel Simi oder Symi (türk. Sömbeki). Du kannst von Datça aus ganz einfach mit dem Boot einen Tagesausflug dorthin unternehmen. Die Insel ist 68 km² groß und besitzt im Norden, wo die meisten Einwohner leben, zwei tiefe Buchten: Der Hafen heißt Yialos und bildet mit dem Dorf auf dem Hügel, Chorio, den Hauptort. Östlich davon liegt die ruhige Pedi-Bucht.

An beiden Promenaden gibt es zahlreiche Hotels und Restaurants. Die Kapitänshäuser auf Symi wurden mit Geldern aus EU-Fonds restauriert und geben ein phantastisches Bild ab. Die Insel lebte einst von Schwammfischerei, heute dominiert hier sanfter Tourismus mit vielen Segelbooten. Während die Hotels in Yialos im Sommer recht teuer sind, kannst du in Pedi Beach preiswerte Appartements direkt am Wasser buchen. *Fähre: catalines.com | 🕮 F13*

SCHÖNER SCHLAFEN IN DER SÜDLICHEN ÄGÄIS

NACHHALTIGES GLAMPING

Der *Bördübet Club Amazon (Hisarönü Bördübet Koyu | Marmaris | Tel. 0252 4 36 91 11 | clubamazon.com.tr | €)* liegt inmitten von Kiefern und Amberbäumen. Du schläfst im Bungalow oder im voll ausgestatteten Van. Es gibt einen Pool im Wald und einen kleinen Fluss, auf dem du per Kanu bis zum Sandstrand in 500 m Entfernung gelangst. Das Gemüse wächst gleich nebenan. Wer nachhaltig, ruhig und doch mit vielen Aktivitätsangeboten urlauben will, ist hier richtig.

EINMAL LUXUS, BITTE

Rund zehn Autominuten von Bodrums Stadtzentrum entfernt, am Golf von Gökova, liegt das schicke *Kempinski Hotel Barbaros Bay (149 Zi., 24 Suiten | Kızılağaç Koyu, Gerenkuyu Mevkii | Yalıçiftlik | Tel. 0252 3 11 03 03 | kempinski.com | €€€)* – eine ruhige Anlage mit geräumigen Zimmern. Auch das großzügige Fitness- und Sportangebot, die Indoor- und Außenpools und der feine Sandstrand vor der Tür machen das Hotel sehr attraktiv.

ERLEBNIS TOUREN

Lust, die Besonderheiten der Region zu entdecken? Dann sind die Erlebnistouren genau das Richtige für dich! Ganz einfach wird es mit der MARCO POLO Touren-App: Die Tour über den QR-Code aufs Smartphone laden – und auch offline die perfekte Orientierung haben.

1 WANDERUNG IM IDA-GEBIRGE

- Durch Nadelwälder und Olivenhaine schlendern
- Sauerstoffdusche auf dem Berg nehmen
- Wunschliste am Zeusaltar hinterlegen

Edremit

Edremit

94 km

2 Tage, reine Fahr-/Gehzeit 5 Stunden

sehr leicht

300 m

Kosten: Busfahrt 25 Euro, Übernachtung 40 Euro, Essen 60 Euro

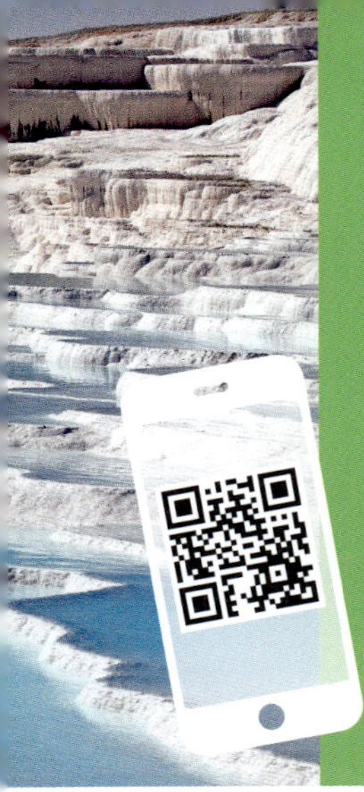

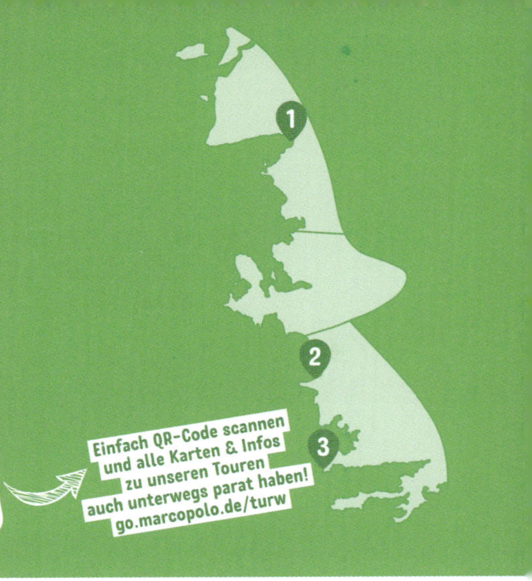
1
2
3
Einfach QR-Code scannen
und alle Karten & Infos
zu unseren Touren
auch unterwegs parat haben!
go.marcopolo.de/turw

Wie verirrte Eisschollen – die Sinterterrassen in Pamukkale

MIT DEM BUS IN DIE BERGE

Wenn du zur ersten Etappe dieser Tour aufbrichst, stell sicher, dass du Verpflegung eingepackt hast. *Von* ❶ **Edremit** geht es zunächst zwischen Bergen und Meer *mit dem Bus am gleichnamigen Golf entlang bis* ❷ **Küçükkuyu** ➤ S. 54. *Dort steigst du um in einen Dolmuş (Sammeltaxi), der dich in die Berge nach* ❸ **Yeşilyurt (auch: Büyük Çetmi)** bringt, einem ehemals griechischen 200-Seelen-Ort mit teils wunderbar restaurierten Steinhäusern, netten Cafés, Restaurants und dem paradiesisch gelegenen Hotel **Erguvanlı Ev** *(erguvanliev.com). Direkt vom Hotel aus startest du dann in die Berge: Ein ausgeschilderter, lauschiger Waldweg führt durch Nadelwälder und Olivenhaine,* ab und zu mit Sicht auf die blaue Ägäis, *zum Nachbardorf* ❹ **Küçük Çetmi**. Hol beim Gehen tief Luft: Der Sauerstoffgehalt in den Wäldern des Kazdağı-Gebirges ist so hoch wie kaum irgendwo anders auf der Welt! Nach einer kurzen Picknickpause geht es *zurück nach Yeşilyurt*, wo auf der schönen Terrasse des Hotels das Abendessen serviert wird.

TAG 1

❶ Edremit
37 km 37 min
❷ Küçükkuyu
4 km 4 min
❸ Yeşilyurt (Büyük Çetmi)
1 km 20 min
❹ Küçük Çetmi
4 km 22 min

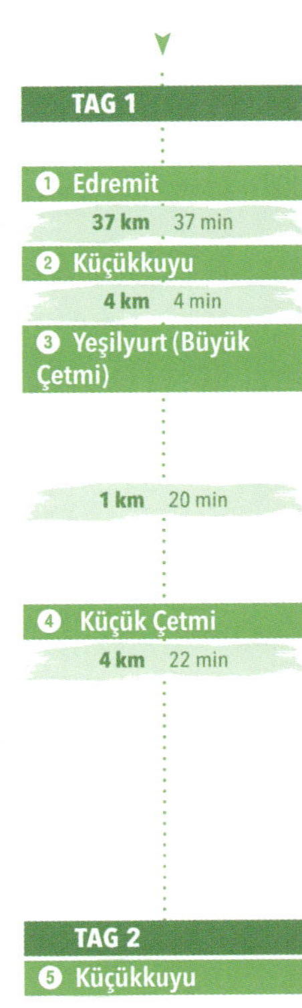

MITBRINGSEL IM MUSEUM KAUFEN

Am nächsten Morgen fährst du zunächst *mit dem Dolmuş zurück nach* ❺ **Küçükkuyu**, wo du das

TAG 2

❺ Küçükkuyu

Olivenölmuseum (tgl. 8.30–18.30 Uhr | Eintritt frei | adatepe.com) besichtigen, Oliven verkosten und die Produkte kaufen kannst. An den südlichen Hängen des Kazdağı reifen die besten der Türkei.

INSIDER-TIPP
Hier gibt's die leckersten Oliven!

HOCH AUF DEN FELSEN MIT AUSSICHT

Dann geht es 3 km den Hügel hinauf nach ❻ Adatepe ➤ S. 54 (265 m ü.d.M.) – nimm am besten ein Taxi. *Vom Dorf aus führt ein knapp 1 km langer Pfad* zum berühmten Zeusaltar ➤ S. 54. Der Legende nach soll Zeus vom Kazdağı-Gebirge aus den Trojanischen Krieg verfolgt haben. Der Felsen mit den Treppen zum Altar ist heute eine Art Wallfahrtsort. Von hier hast du außerdem einen einmaligen Blick aufs Meer und die griechische Insel Lesbos. Nutz die Gelegenheit und binde eine Schleife an den Wunschbaum – natürlich nicht, ohne dir dabei etwas zu wünschen! *Zurück im Dorf Adatepe* gönnst du dir ein Mahl aus Öko-Anbau im Adatepe Otel & Restaurant *(Tgl. 12–23 Uhr | Adatepe Köyü 77 | Tel. 0286 752 68 03 | adatepebutikotel.com).* Danach machst du dich an den *Abstieg zurück nach* ❼ Küçükkuyu ➤ S. 54, wo du *in den Bus nach* ❶ Edremit einsteigst.

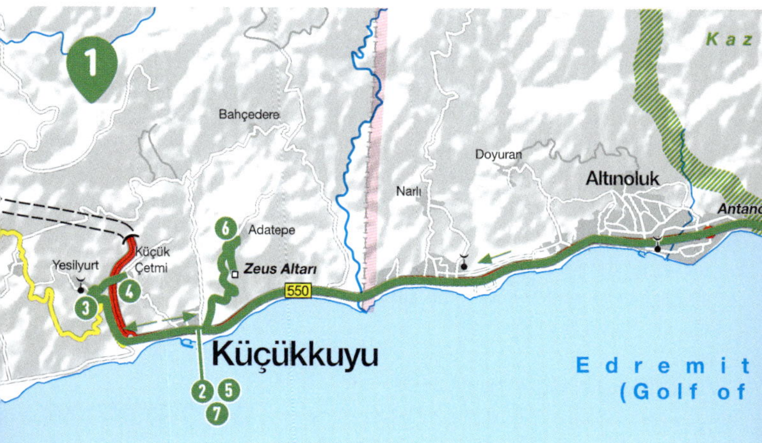

2 REISE ZUM WEISSEN SCHLOSS

- Marmorbrüche in Aphrodisias bewundern
- Eine Runde im antiken Stadion drehen
- Die Füße in heiße Quellen tauchen

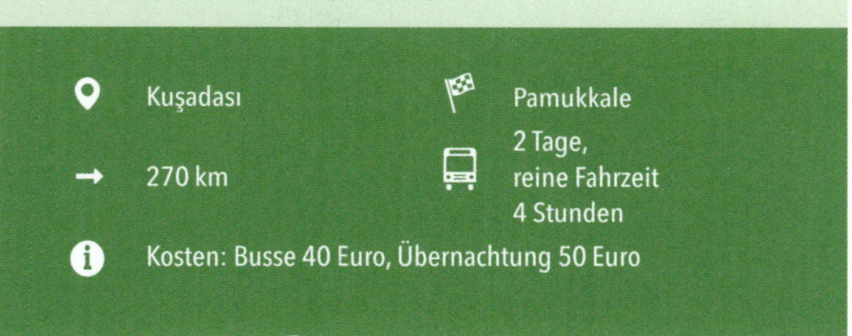

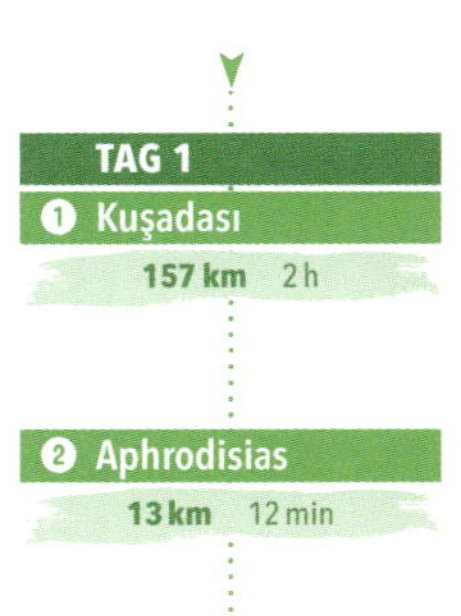

ZUM TEMPEL DER APHRODITE

Bei dieser Tour solltest du deine Badehose nicht vergessen. *In* 1 Kuşadası ➤ S. 90 *besteigst du einen Überlandbus in Richtung Denizli bis Nazilli. Steig am Busbahnhof in einen Kleinbus zum 30 km entfernten Ort Karacasu. Von hier starten Sammeltaxen (Dolmuş) zur antiken Stätte* 2 Aphrodisias, die wegen ihrer Marmorbrüche während der römischen Kaiserzeit eines der Zentren der Bildhauerkunst war, das Florenz der ionischen Antike. Aphrodisias war lange völlig

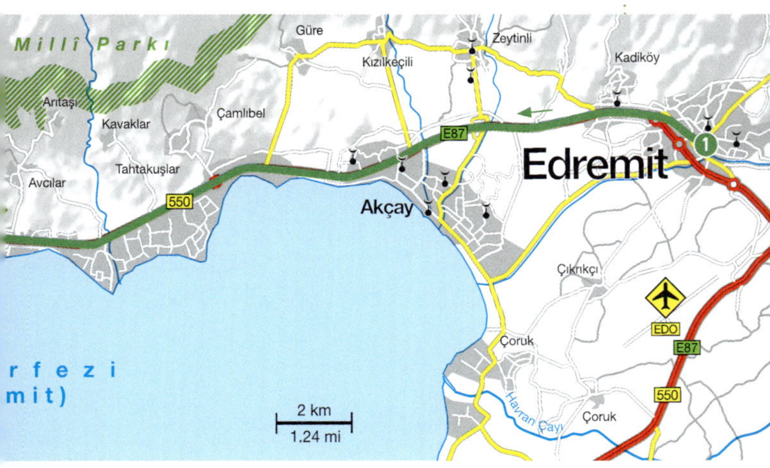

vergessen und wurde erst vor rund 40 Jahren durch den berühmten türkischen Fotografen Ara Güler wieder bekannt. Die antike Stätte ist noch nicht systematisch erforscht, aber einzelne wunderschöne Artefakte sind auf der Ausgrabungsfläche und im **Museum** *(Di–So 8–19 Uhr, außerhalb der Saison bis 17 Uhr | Eintritt 5 Euro)* zu sehen. Das **Stadion**, das vor gut 2000 Jahren fast 30 000 Besuchern Platz bot, gilt als das am besten erhaltene der Antike. *Im Zentrum der Anlage* steht der frühere **Tempel** für die Liebesgöttin Aphrodite, der allerdings in byzantinischer Zeit in eine Kirche umgewandelt wurde. Mittagessen bekommst du im **Anatolia Restaurant** *(Istiklal Hürriyet Cad. 33 | anatoliaturizm.com.tr | €€)*, zum Übernachten *fährst du zurück nach Karacasu, wo du im* **❸ Aphrodisias Dandalos Hotel** *(Tel. 0505 9 00 50 72)* übernachten kannst.

❸ Aphrodisias Dandalos Hotel

101 km 1 h 30 min

TAG 2

❹ Pamukkale

ZWEI MUST-SEES IM HINTERLAND

Von Karacasu geht es weiter mit einem Überlandbus nach Denizli und von dort mit einem Kleinbus ins nahe **❹ Pamukkale**. Schon von Weitem leuchtet der weiße Berg inmitten der grünen Hügel. Die fast 100 m hohen **Sinterterrassen** *(tgl. 6–21 Uhr | Eintritt 20 Euro)* sind das Ergebnis von rund 8000 Jahre alten Kalkablagerungen einer 35 Grad heißen Quelle.

Tauch deine Füße – unter Aufsicht von Parkwächtern – in das warme Quellwasser. *Oberhalb der Terrassen* liegt das antike **Hierapolis**. Nach der Besichtigung und dem Essen im **Kayas Restaurant** *(Kale Mah. | Atatürk Cad. 3 | Tel. 0534 5 61 10 80 | €€)* solltest du dir ein Bad in der heißen Quelle der Therme **Antik Havuz** *(tgl. 8–20.30 Uhr | Eintritt 10 Euro)* gönnen, wo du von Kopf bis Fuß ins Heilwasser eintauchen darfst. Übernachten kannst du im zentral gelegenen Hotel **Venus Suite** *(venussuite.com | €)*.

INSIDER-TIPP
Es wird heiß!

3 MIT DEM FAHRRAD AM MEER ENTLANG

- ➤ Wasserwanderung in Gümüşlük
- ➤ Stöbern zwischen Seidenschals in Göltürkbükü
- ➤ Bootstour zu einsamen Badestränden in Akyarlar

Pause? – Café in Gümüşlük

ZUR INSEL HINÜBERWATEN

Mit Badesachen und Verpflegung im Gepäck schwingst du dich aufs Rad. Fahrräder und E-Bikes verleiht z. B. *U.2 Bike Rental (Şevket Sabancı Cad. 2 | Tel. 0544 4 49 00 82 | ab 10 € ganztags)*. Von ❶ Turgutreis *an der Westküste der Bodrum-Halbinsel führt die Route am Meer entlang über eine Anhöhe zum antiken Mindos.* Auf der kleinen, gut ausgebauten und nicht allzu sehr befahrenen Straße sind häufig kurze, aber steile Steigungen zu überwinden. *Erstes Ziel* ist der kleine Ort ❷ Gümüşlük ➤ S. 104 *im Norden von Turgutreis.* In der Bucht säumen alte griechische Steinhäuser den Strand, der gesamte Ort ist denkmalgeschützt. *Vom kleinen Kieselstrand aus wanderst du zur unbewohnten* Haseninsel *am Ausgang der geschützten Bucht:* Zu ihr führt seit byzantinischen Zeiten ein teilweise noch erhaltener Damm, der heute knietief im Wasser liegt. Also keine Angst vor nassen Füßen!

TAG 1
❶ Turgutreis
7 km 25 min
❷ Gümüşlük
12 km 50 min
❸ Yalıkavak
3 km 18 min
❹ Pascha
23 km 1 h 40 min
❺ Göltürkbükü
13 km 1 h 5 min
❻ Torba

BOOT FAHREN UNTERM STERNENHIMMEL

Weiter geht es ins charmante ❸ Yalıkavak ➤ S. 104, wo bereits von Weitem weiße Windmühlen zu sehen sind, die Wahrzeichen der Halbinsel. Mach eine Mittagspause im Çardaklı Restoran *(İskele Cad. 13 | Facebook: cardaklirestaurant | €€)* am Meer. Da um Yalıkavak die schönsten Badebuchten der Halbinsel liegen, wird's Zeit für eine Abkühlung in der Bucht von ❹ Pascha. Erfrischt *fährst du über Gündogan nach* ❺ Göltürkbükü. Nun heißt es stöbern statt radeln: Luxus-Souvenirshopping in den tollen Geschäften in den Seitenstraßen! Im Ipekçe *(Yalımevkii Cad. 63)* findest du schöne bunte Tücher und Schals aus Baumwollstoffen der Umgebung und andere Accessoires. *Die Straße nach* ❻ Torba *führt jetzt etwas vom Meer weg durch ein Waldgebiet.* In der ruhigen

Gegend lässt sich's prima übernachten, z. B. im Hotel **Zeytinada** *(zeytinada.com)*. Und weil im Hafen nicht nur Yachten liegen, sondern auch kleine, malerische Fischerboote, solltest du mit einem der Kapitäne einen **Bootstrip** am Abend vereinbaren. Eine Mondscheintour ist unvergesslich!

EIN TRAUMHAFTER STRAND

Um den Hauptort Bodrum zu umgehen, radelst du am nächsten Tag von Torba aus einige Kilometer auf der Hauptstraße zurück nach Turgutreis. Es geht oberhalb Bodrums am Zentrum vorbei und weiter bis nach Konacik, wo du nach links abbiegst und dich wieder Richtung Meer orientierst, jetzt an die Südküste der Halbinsel. Diese Seite ist stärker bebaut als der Nordteil, weswegen du erst einige Feriendörfer passierst, bevor du wieder ans Meer gelangst. Ziel ist das pittoreske **7 Akyarlar** ➤ S. 104 *an der Südspitze der Halbinsel* mit seiner authentischen Dorfatmosphäre und einem **ungemein sauberen Strand**. Die griechische Insel Kos ist nur wenige Kilometer entfernt. Hast du Lust, vom Rad aufs Brett umzusteigen? Akyarlar ist nicht nur ein Badeparadies, sondern auch ein Geheimtipp für Surfer und Kiter. Bei **Fener Windsurf** ➤ S. 34 kannst du stundenweise Ausrüstung leihen.

EINSAME BUCHTEN ENTDECKEN

Das Essen im **Samsun Pidecisi Nuri Usta** *(Atatürk Cad. | 1. Sok. 1 | samsunpidecisi.com.tr)* hast du dir dann mehr als verdient. Ein entspannter Nachmittag folgt bei der **Bootstour** *zu den einsamen Badebuchten von Bağla, Kemer und Karaincir vom Fischerhafen aus. Auf einem schönen Strandweg am Leuchtturm vorbei führt die letzte Etappe zurück nach* **1 Turgutreis**. Nach der Rückgabe des Rads wartet ein Sundowner im netten **Yelken Café** *(Balıkçı Barınağı 11 | facebook | €€) an der Marina* auf dich.

GUT ZU WISSEN

DIE BASICS FÜR DEINEN URLAUB

ANKOMMEN

ANREISE

Am einfachsten ist die Anreise mit dem Flugzeug. Mit *Turkish Airlines (turkishairlines.com)* erreichst du direkt oder mit Umsteigen in İstanbul jeden Flughafen der Türkei. Charterflüge gibt's ganzjährig nach İstanbul und İzmir. In der Saison kannst du auch direkt nach Dalaman oder Bodrum fliegen. Linienflüge kosten 300–400 Euro, Charter je nach Saison ab 120 Euro.

Für die Einreise mit dem Auto benötigst du einen nationalen Führerschein, den Fahrzeugschein und eine grüne Versicherungskarte. Bei der Einreise wird das Auto im Pass eingetragen – du musst bei der Ausreise darauf achten, dass es auch wieder ausgetragen wird. Höchstgeschwindigkeit: in Ortschaften 50, außerhalb 90, auf Autobahnen 120 km/h. Es besteht Gurtpflicht und ein absolutes (!) Alkoholverbot. Informationen und Karten beim *Türkischen Touring- und Automobilclub TTOK İstanbul (Tel. 0212 2 82 81 40)*.

Bevor du mit dem Auto in die Türkei aufbrichst, solltest du dich beim ADAC *(adac.com)* beraten lassen. Die Strecke

GRÜN & FAIR REISEN

Du willst beim Reisen deine CO_2-Bilanz im Hinterkopf behalten? Dann kannst du deine Emissionen kompensieren *(atmosfair.de; myclimate.org)*, deine Route umweltgerecht planen *(routerank.com)* oder auf Natur und Kultur *(gate-tourismus.de)* achten. Mehr über ökologischen Tourismus erfährst du hier: *oete.de* (europaweit); *germanwatch.org* (weltweit).

Segelmasten vor endlosem Blau: Marmaris und das Meer

geht über Kroatien und Serbien, es kann aber sinnvoller sein, über Ungarn und Rumänien zu fahren. Von Frankfurt bis İstanbul sind es rund 2300 km. Um den Roadtrip mit dem Auto abzukürzen, gibt es die Möglichkeit, von Venedig aus eine Fähre nach Igoumenitsa in Nordgriechenland *(goferry.de)* zu nehmen und von dort quer durch Griechenland in die Türkei zu fahren.
Die Fahrt mit dem Reisebus wird von vielen großen deutschen Städten aus angeboten. Es ist meist die preisgünstigste Variante, in die Türkei zu kommen, bei einer Reisedauer von 50–60 Std. aber auch anstrengend.

+ 1 Stunde Zeitverschiebung

Die Türkei ist der MEZ im Sommer eine Stunde und im Winter zwei Stunden voraus.

Mit der Bahn reist du via Wien nach İstanbul. Die Fahrt dauert über 40 Std. und kostet mehr als ein Charterflug. *fahrplan-online.de.*

EINREISE

Deutsche, Österreicher und Schweizer brauchen für einen Aufenthalt von unter drei Monaten nur den Reisepass oder Personalausweis. Den Einreiseschein mit dem Stempel musst du aufheben!

KLIMA & REISEZEIT

Die Hochsaison an der Ägäis dauert von Anfang Juni bis Ende September. Nördlich von İzmir bestimmt noch der Balkan das Klima und die Badesaison endet im September, südlich der Stadt beginnt die mediterrane Zone – auch im Oktober und November kann man dann meist noch gut baden. Im Juli/August ist es sehr heiß, dafür weht an der Nordägäis oft ein starker, kühlender

Wind. Im Winter gibt es an der Küste manchmal sintflutartige Regenfälle.

TÜRKISCHE FREMDENVERKEHRSÄMTER

- *Deutschland (Baseler Str. 35–37 | 60329 Frankfurt/M. | Tel. 069 23 30 81 /-82)*
- *Österreich (Prinz-Eugen-Str. 40 | 1040 Wien | Tel. 0150 5 73 38)*
- *Schweiz (Lombachweg 33 | 3006 Bern | Tel. 03 13 59 70 70)*

Gemeinsame Website: *goturkiye.com*

WEITER-KOMMEN

BUS

Das übliche Reisegefährt, um in der Türkei von einer Stadt in eine andere zu kommen, ist immer noch der Reisebus. Jede Stadt hat ihr Busterminal *(garaj* bzw. *otogar),* und Busse fahren praktisch in jeden Winkel des Landes. Um das Unfallrisiko zu minimieren, empfiehlt es sich, renommierte Busunternehmen wie *Ulusoy (ulusoy.com.tr)* oder *Varan (varan.com.tr)* zu wählen. Vom Busbahnhof aus verkehren auch Minibusse zu den Zielen in der Umgebung.

DOLMUŞ/MINIBUS

Bist du in der Stadt angekommen, die deinem Urlaubsort am nächsten ist, geht es in der Regel mit dem sogenannten Dolmuş (gesprochen: Dolmusch) weiter. Mit dem preiswerten Sammeltaxi – das mit nur etwa einem Drittel des Taxipreises zu Buche schlägt – kommst du praktisch überall hin. Die Kleinbusse oder Großraumtaxen fahren bestimmte Strecken in der Stadt oder ins Umland und halten auf Zuruf an jeder gewünschten Stelle. Nenn dein Ziel und erfrag den Preis für die Strecke.

TAXI

Ist dein Hotel so abgelegen, dass kein Dolmuş dort vorbeikommt, bleibt dir noch das Taxi. Türkische Taxis sind relativ preiswert, Fahrten kosten nur ungefähr die Hälfte als vergleichbare in Deutschland. Du musst nur darauf achten, dass das Taxameter eingeschaltet ist. In Kleinstädten gilt ein höherer Grundpreis als in Großstädten. Mancherorts nehmen Taxifahrer gesetzlich 50 Prozent mehr, wenn sie zum Flughafen hinausfahren.

MIETWAGEN

Um vollkommen unabhängig zu sein, kannst du an jedem Flughafen und in allen größeren Städten einen Mietwagen nehmen. Die preiswertesten gibt es ab 25 Euro (inkl. Vollkasko und Kilometer) pro Tag. Es ist oft bequemer, ein Auto bereits in Deutschland zu buchen. Rent-a-Car in Antalya: *AVIS (Tel. 0242 241 66 93 | avis.com.tr); Budget (Tel. 0242 243 30 06 | budget.com); Enterprise (0242 3 30 33 16 | enterprise.com.tr).* Überall gibt es jedoch auch örtliche Rent-a-Car-Firmen mit günstigen Angeboten. Man nimmt den Wagen mit leerem Tank entgegen und gibt ihn dann ebenso wieder ab. Bei *Enterprise* bekommt man das Auto dagegen mit vollem Tank.

FESTE & EVENTS

RUND UMS JAHR

JANUAR

Kamelkämpfe in Selçuk bei Ephesos vor über 10 000 Zuschauern (Foto)

MÄRZ

Internationale Jazztage in İzmir; Workshops, Konzerte. *iksev.org*

APRIL

Drachenfest: Kinderfest am 23. u. 24. April auf der Datça-Halbinsel

MAI

Marmaris Yacht Festival: Regatten und Kulturprogramm. *miyc.org*

JUNI/JULI

Internationales Kultur- und Musikfestival in İzmir und an antiken Stätten wie Ephesos und Milet. *iksev.org*

Jazz-Festival in Bodrum im Amphitheater und in Kneipen *(2. Junihälfte)*

JULI

Sommerkonzerte z. B. in Ayvalık, Bodrum oder Marmaris. *biletix.com*

Folklorefestivals in vielen Ferienorten u. a. in der Burg von Çandarlı

JULI/AUGUST

Electronica-Musikfestival in Çeşme. *electronicafest.com*

AUGUST

Segelregatta bei Altınoluk im Golf von Edremit

Zeytinli-Rockfestival: viertägiges Rock-Event in der Bucht von Edremit.

SEPTEMBER

Weinlese auf Bozcaada: Anfang Sept.; wer sich anmeldet, kann selbst Trauben sammeln.

Stierkämpfe in Ula bei Muğla, Bodrum

Inselmarathon auf Bozcaada; Mitte Sept. *runtheislandbozcaada.com*

OKTOBER

Theaterfest in Assos (erste Woche)

NOVEMBER

Yachtfest in Marmaris. *miyc.org*

IM URLAUB

AUSKUNFT

Auskunft erteilt in jedem größeren Urlaubsort eine Touristeninformationsstelle, in den meisten Fällen findest du sie im Stadtzentrum. Du bekommst dort Stadtpläne, Informationen über öffentliche Verkehrsmittel, Listen der Hotels am Ort und jede Menge Informationen über anstehende Kulturveranstaltungen, Festivals usw.

BANKEN & GELDWECHSEL

Bei fast allen Banken kannst du am Geldautomaten mit EC- oder Kreditkarte rund um die Uhr Geld ziehen; in Urlaubsorten geben viele Automaten auch Euro aus. Achtung: Einzelne deutsche Banken haben ihre EC-Karten aus Sicherheitsgründen für den Einsatz außerhalb der Eurozone gesperrt; erkundige dich vorher bei deinem Geldinstitut! Falls du doch mal in eine Bank musst: Geöffnet haben sie normalerweisen von 9 bis 12 und 13 bis 17 Uhr. Bankfilialen mit dem Schild *Öğlen Açık* machen keine Mittagspause, Bankfilialen in Einkaufszentren haben länger geöffnet.

Wenn du Bargeld tauschen willst, geh zu einem Devisenbüro *(Döviz bürosu);* dort bekommst du einen besseren Kurs als bei der Bank. Tausch kein Geld im Heimatland, der Kurs ist immer schlechter als in der Türkei. In Großstädten und an der Küste werden fast überall auch Euro angenommen, doch es ist günstiger, in Lira zu zahlen.

CAMPING

Die schönsten Campingplätze der Türkei sind die staatlich betriebenen sogenannten „Waldlager" *(Orman Kampı),* die dem Forstministerium unterstellt sind und in der Regel in einem Schatten spendenden Wald liegen. Sie verfügen über eine gute Infrastruktur, u. a. über Telefon, Kiosk und Laden, Kochstelle, Waschküche, Duschen mit Warmwasser und eine Abwassergrube für Wohnmobile, wie z. B. *Gökova Orman Kampi (Akyaka Köyü | Akyaka | Tel. 0252 2 46 50 35 | Juni–Aug).*

FEIERTAGE

1. Jan. Yılbaşı (Neujahr)

23. April Ulusal Egemenlik ve Çocuk Bayramı (Fest der nat. Souveränität und der Kinder)

10.–12. April 2024, 31. März–2. April 2025 Ramazan Bayramı (Fest des Fastenbrechens; beweglich)

1. Mai Tag der Arbeit

19. Mai Gençlik ve Spor Bayramı (Tag der Jugend und des Sports)

16.–19. Juni 2024, 6.–9. Juni 2025 Kurban Bayramı (Opferfest; beweglich)

15. Juli Jahrestag zum Gedenken an den Putschversuch der Armee 2016

30. Aug. Zafer Bayramı (Siegesfeiern Ende Unabhängigkeitskrieg 1922)

9. Sept. Befreiung İzmirs

29. Okt. Cumhuriyet Bayramı (Gründungstag der Türk. Republ. 1923)

INTERNET

Das Angebot in Sachen Internetzugang ist in der Türkei in der Fläche besser als in Deutschland. Es gibt so gut wie keine Funklöcher. Fast alle Hotels haben WLAN kostenlos auf den Zimmern, zumindest aber in der Lobby. Auch viele Cafés und Restaurants bieten WLAN an.

POST

Die türkische Post heißt *Ptt* (gelb), die Poststellen sind in der Regel wochentags 8–17 Uhr geöffnet. Hauptpostämter haben oft bis in die Nacht auf. Für einen Brief bzw. eine Postkarte zahlst du ab 70 Cent.

TELEFON & HANDY

Vorwahl für Deutschland *0049;* für Österreich *0043;* für die Schweiz *0041;* für die Türkei *0090.*

Das Handynetz ist gut ausgebaut. Deutsche Handys funktionieren über Roaming-Abkommen meist problemlos; es ist aber immer noch recht teuer. Auch wenn du angerufen wirst, zahlst du zur Hälfte selbst. Erkundige dich zu Hause nach den besten Tarifpaketen. Wenn du länger im Land bleibst, lohnt sich ein türkisches Prepaid-Handy.

TOILETTEN

In der Türkei ist die mediterrane Hocktoilette noch in Gebrauch. Das gilt für Gaststätten auf dem Land, an Raststätten oder auf Fähren. In den Urlaubsorten ist jedoch die normale Alafranga-Version verbreitet. „Herren" heißt *Bay* oder *Erkek* und „Damen" *Bayan* oder *Kadın*.

TRINKGELD

In Hotels und Restaurants sind Trinkgelder (ca. 10 Prozent) üblich und werden auch erwartet, bei Taxifahrten dagegen nicht.

WAS KOSTET WIE VIEL?

Simit	30 Cent *für einen Sesamkringel*
Kaffee	1,50 Euro *für eine Tasse*
Imbiss	ab 3,50 Euro *für einen Döner*
Bier	3 Euro *für eine 0,5-l-Flasche*
Hamam	5 Euro *Eintritt für 1 Tag*
Benzin	1,20 Euro *für einen Liter Super*

WÄHRUNG

Die Währungseinheit ist die Türkische Lira (TL). Es gibt 200-, 100-, 50-, 20-, 10- und 5-Lira-Scheine und Münzen zu 1 Lira sowie 50, 25, 10 und 5 Kurusch. Die Wechselkurse ändern sich ständig. Sie werden in den Tageszeitungen oder an den Devisenbüros angegeben.

ZOLL

Ausländische und türkische Währung darf unbegrenzt eingeführt werden. Für Teppiche oder andere in der Türkei erworbene Wertgegenstände musst du eine Quittung zeigen. Vorsicht mit echten Antiquitäten: Stücke, die älter als 100 Jahre sind, dürfen nicht ausgeführt werden! Die Ausfuhr antiker Steine oder anderer Altertümer ist streng verboten. Das gilt auch für Fossilien. Selbst Stücke, die du für wenig Geld bei einem Straßenhändler erworben hast, können Probleme machen. Aktuelle Infos: *zoll.de*.

Bei der Wiedereinreise in Staaten der Europäischen Union dürfen Waren im Wert von 430 Euro (bei Flugreisen) sowie u. a. 200 Zigaretten, 1 l Spirituosen und 2 l Wein zollfrei eingeführt werden. Für die Schweiz gelten andere Bestimmungen.

NOTFÄLLE

DIPLOMATISCHE VERTRETUNGEN

– Deutsches Konsulat in İzmir (Korutürk Mah. | Havuzbasi Sok. 1| Tel. 0232 4 88 88 88 | izmir.diplo.de | im Notfall: Tel. 90 532 283 36 34 und durchgehend per SMS)

– Deutsches Honorarkonsulat in Bodrum (BITEZ-BODRUM | Kanuni Sultan Süleyman Cad. 15 | Tel. 0252 3 63 82 87)

– Österreichische Botschaft (Atatürk Bulvari 189 | 06680 Kavaklidere | Ankara | Tel. 0312 4 05 51 90 | aussenministerium.at/ankara | bmeia.gv.at

– Österreichisches Honorarkonsulat in Bodrum (Çarşı Mah. Nazım Hikmet Sok. 7/4 | Tel. 0252 3 16 13 14 | fatihceksi@gmail.com)

– Schweizer Botschaft (Atatürk Bulvarı 247 | 06680 Kavaklıdere | Ankara | Tel. 0312 4 57 31 00 | eda.admin.ch/turkey | ankara@eda.admin.ch

GESUNDHEIT

Solltest du ernsthaft erkranken, wirst du in staatlichen Krankenhäusern SGK (Suche: *gss.sgk.gov.tr*) und Gesundheitsstationen *(sağlık ocağı)* mit einem für die Türkei ausgestellten Auslandskrankenschein kostenlos behandelt. Empfehlenswert ist es jedoch, eine zusätzliche Reiseversicherung abzuschließen. Privatkliniken sind meist besser ausgestattet, allerdings werden die Rechnungen in Deutschland nur eingeschränkt erstattet. In Apotheken *(eczane)* erhältst du viele gängige Arzneimittel preiswerter als in Deutschland.

Deutschsprachige Ärzte in İzmir:

– Allgemein: Internist: Dr. Hasan Omar | Mimar Sinan Mah. 1359 Sok. 5/A | Alsancak | Tel. 0232 4 22 47 02

– Augen: Dr. Ayse Bayata | 1380 Sok. Alyans Apt. 4/4 | Alsancak (gegenüber vom franz. Kulturinstitut) | Tel. 0232 4 64 34 62

– Zahnarzt: Dr. Gül Yüksel | Talatpaşa Bulvarı Nedret Apt. 6/1 | Alsancak | Tel. 0232 4 63 23 96

NOTRUF

Polizei: Tel. 155, Feuerwehr: Tel. 110, Notarzt: Tel. 112, Jandarma (Gendarmerie auf dem Land): Tel. 156

WICHTIGE HINWEISE

FOTOGRAFIEREN

Das Ablichten von Militär oder militärischen Einrichtungen ist prinzipiell verboten. Verschleierte Frauen solltest du nicht fotografieren und auch in konservativen Vierteln die Kamera lieber in der Tasche lassen.

Ansonsten lassen sich die meisten Menschen gern porträtieren.

LEITUNGSWASSER
Das Leitungswasser in der Türkei – vor allem in den Großstädten – eignet sich nicht zum Trinken. Nimm dir immer eine Flasche Mineralwasser auch zum Zähneputzen mit aufs Hotelzimmer.

MOSCHEEBESUCH
Moscheen sind in der Regel geöffnet und können immer kostenlos besucht werden. Du musst vor der Moschee deine Schuhe ausziehen und Frauen müssen ihren Kopf bedecken.

SICHERHEIT
Obwohl man in den Urlaubsgebieten wenig davon bemerkt, ist die Lage in der Türkei nach wie vor politisch angespannt. Im Mai 2023 fanden im Land Präsidentschaftswahlen statt und der Ukraine-Krieg sorgte auch hier für öffentliche Unruhe. Allgemein sind Kritik von ausländischen Gästen an der türkischen Politik und Diskussionen über ethnische und religiöse Fragen heikel und können sogar zu einem Verfahren führen. Das Auswärtige Amt macht ausdrücklich darauf aufmerksam, dass kritische Bemerkungen auf Facebook oder Twitter zu Anklagen führen können. Auch bei politischen Demonstrationen solltest du Abstand halten, weil die meisten verboten sind und sofort die Polizei auf den Plan rufen. Schau dir in jedem Fall vor deiner Reise die Sicherheitshinweise des Auswärtigen Amtes *(auswaertiges-amt.de)* an.

WETTER IN İZMIR

Hauptsaison (Juni–Sept.) · Nebensaison (Jan.–Mai, Okt.–Dez.)

	JAN.	FEB.	MÄRZ	APRIL	MAI	JUNI	JULI	AUG.	SEPT.	OKT.	NOV.	DEZ.
Tagestemperaturen	12°	14°	16°	21°	26°	30°	33°	33°	29°	24°	19°	14°
Nachttemperaturen	5°	5°	6°	10°	14°	18°	21°	21°	17°	14°	10°	7°
Sonnenschein Stunden/Tag	4	6	6	8	10	12	13	12	10	8	6	4
Niederschlag Tage/Monat	12	9	7	6	4	1	0	0	1	4	6	11
Wassertemperatur in °C	15	13	14	15	18	21	23	23	22	20	17	16

Sonnenschein Stunden/Tag · Niederschlag Tage/Monat · Wassertemperatur in °C

SPICKZETTEL TÜRKISCH

SMALLTALK

ja/nein/vielleicht	evet/hayır/belki
Bitte./Danke.	Lütfen./Teşekkür (ederim) oder Mersi.
Gute(n) Morgen!/Tag!/Abend!/Nacht!	Günaydın!/İyi Günler!/İyi Akşamlar!/İyi Geceler!
Hallo!/Auf Wiedersehen!	Merhaba!/Allaha ısmarladık!
Tschüss!	Hoşçakal (Plural: Hoşçakalın)/Bye bye!
Ich heiße …	Adım … oder İsmim …
Wie heißen Sie?	Sizin adınız ne?/Sizin isminiz ne?
Wie heißt du?	Senin adın ne?/Senin ismin ne?
Ich komme aus …	… den/dan geliyorum.
Entschuldige!/Entschuldigen Sie!	Afedersin!/Afedersiniz!
Das gefällt mir (nicht).	Beğendim./Beğenmedim.
Ich möchte …/Haben Sie …?	… istiyorum/… var mı?

ZEIGEBILDER

ESSEN & TRINKEN

Die Speisekarte, bitte.	**Menü lütfen.**
Könnte ich bitte … haben?	**… alabilir miyim lütfen?**
Flasche/Karaffe/Glas	**şişe/karaf/bardak**
Messer/Gabel/Löffel	**bıçak/çatal/kaşık**
Salz/Pfeffer/Zucker	**tuz/karabiber/şeker**
Essig/Öl	**sirke/zeytinyağı**
Milch/Sahne/Zitrone	**süt/kaymak/limon**
mit/ohne Kohlensäure	**karbonatlı/karbonatsız**
Vegetarier(in)/Allergie	**vejetaryan/alerji**
Ich möchte zahlen, bitte.	**Hesap lütfen.**
Rechnung/Quittung/Trinkgeld	**fatura/fiş/bahşiş**
bar/ec-Karte/Kreditkarte	**nakit/banka kartı/kredi kartı**

NÜTZLICHES

Wo ist …? /Wo sind …?	**Nerede …?/neredeler …?**
heute/morgen/gestern	**bugün/yarın/dün**
Wie viel kostet …?	**… ne kadar? Fiyatı ne?**
Wo finde ich einen Internetzugang?	**İnternete nereden girebilirim?**
Hilfe!/Achtung!	**İmdat!/Dikkat!**
Apotheke/Drogerie	**eczane/ıtriyat mağazası**
kaputt/funktioniert nicht	**bozuk/çalışmıyor**
Fieber/Schmerzen/Durchfall/Übelkeit	**ateş/ağrı/ishal/bulantı**
(kein) Trinkwasser	**içme suyu (değil)**
offen/geschlossen	**açık/kapalı**
Eingang/Einfahrt	**giriş/garaj kapısı**
Ausgang/Ausfahrt	**çıkış/garaj çıkışı**
Toiletten/Damen/Herren	**tuvalet (WC)/bayan/bay**
Entschuldigung, das habe ich nicht verstanden.	**Özür dilerim, anlamadım**
Ich möchte ein Auto mieten.	**bir otomobil/araba kiralamak istiyorum.**
Bank/Geldautomat	**banka/ATM**
Supermarkt	**süpermarket**
Bäckerei/Markt	**fırın/pazar**
0/1/2/3/4/5/6/7/8/9/ 10/100/1000	**sıfır/bir/iki/üç/dört/beş/altı/yedi/sekiz/dokuz/on/yüz/bin**

LESESTOFF & FILMFUTTER

KEDI

Kedi – so heißt die Katze auf Türkisch und sie ist überall. Straßenkatzen sind in der Türkei domestiziert und werden in ihrem Kiez liebevoll von den Bewohnern gefüttert und gepflegt. Ceyda Toruns Dokumentarfilm ist eine Liebeserklärung an die *kedi* (2016).

REMBETIKO

Die authentische Lebensgeschichte der griechischen Rembetiko-Sängerin Marika Ninou aus İzmir. Kostas Ferris' Filmepos mit Sotiria Leonardou ist ein Klassiker (1983).

ZIMT UND KORIANDER

35 Jahre, nachdem seine griechischstämmige Familie aus der Türkei fliehen musste, reist der Grieche Fanis ans Sterbebett seines türkischen Großvaters ins Nachbarland und erinnert sich an glücklichere Tage. Regisseur Tassos Boulmetis gelang der schönste Film über die Ägäis (2003).

DIE GESPALTENE REPUBLIK

Die deutschtürkische Journalistin Cigdem Akyol beschreibt in ihrem Werk anschaulich den Weg der Türkei von ihrer Gründung bis heute – informativ und unterhaltend (2023).

PLAYLIST QUERBEET

0:58

II SEZEN AKSU – KALBIM EGE'DE KALDI
Aksu, die zeitgenössische Diva der türkischen Popmusik singt viele Lieder aus der Region der Ägäis.

▶ FAHIR ATAKOĞLU – SARI ZEYBEK
Der Komponist klassischer Musik widmete seine Noten dem Republikgründer Atatürk, der den ägäischen Tanz Zeybekiko liebte.

▶ TARKAN – SON DURAK
Die Songs des in Deutschland geborenen türkischen Popmusikers sind international erfolgreich.

▶ ZEKI MÜREN – SORMA
Der populärste Sänger und Komponist „türkischer Kunstmusik".

▶ CHIOS TRIO – GEL GEL KAYIKCI
Das griechisch-türkische Ensemble besingt die Lieder der Küste in beiden Sprachen – genuine Musik der Ägäis.

Den Soundtrack zum Urlaub gibt's auf **Spotify** unter **MARCO POLO** Turkey

Oder Code mit Spotify-App scannen

AB INS NETZ

INSIDERSEGELN
Nicht nur für erfahrene Segler, sondern auch für Amateure und Mitfahrende bietet die Website wertvolle Tipps für die Ägäis. *insidersegeln.de*

KULTURTURIZM
Die Infoseite des Kultur- und Tourismusministeriums der Türkei bietet viele nützliche Infos über das Reiseland. *ktb.gov.tr*

BODRUMLIFE
Die Website (auf Englisch) bietet neben umfassenden Grundinfos und aktuellen Nachrichten aus Bodrum auch eine Hotelsuchmaske. *bodrumlife.com*

MARMARISINFO
Umfassende Infos aus und über Marmaris mit vielen nützlichen Links und Tipps. *marmarisinfo.com*

HURRIYET DAILY NEWS
Die Internetpräsenz der führenden englischsprachigen Tageszeitung der Türkei, Turkish Daily News, informiert dich über die aktuellen Ereignisse im Land. *hurriyetdailynews.com*

TRAVEL PURSUIT

DAS MARCO POLO URLAUBSQUIZ

Weißt du, wie die Türkische Westküste tickt? Teste hier dein Wissen über die kleinen Geheimnisse und Eigenheiten von Land und Leuten. Die Lösungen findest du in der Fußzeile. Und ganz ausführlich auf den S. 18–23.

❶ Qualifikationsfrage: Ordne diese Fische von klein nach groß!

a) Sardine, Barsch, Thunfisch

b) Barsch, Sardine, Thunfisch

c) Sardine, Thunfisch, Barsch

❷ Aus wie viel Kilo Oliven gewinnt man einen Liter Öl?

a) 2

b) 5

c) 7

❸ Welche Tiere lässt man alljährlich in Selçuk gegeneinander antreten?

a) Hunde

b) Kamele

c) Schildkröten

❹ Was versteht man eigentlich unter einer „Blauen Reise"?

a) Eine Paragliding-Tour bei strahlendem Sonnenschein

b) Unbegrenztes Alkoholangebot im Feriendorf

c) Das Schippern mit einer Holzyacht auf dem Meer

❺ Welche Grundregel gilt stets für alle Teilnehmer auf einer „Blauen Reise"?

a) Je lauter, desto besser!

b) Kein Bier vor vier!

c) Tolerant und gelassen bleiben!

Lösungen: 1a, 2b, 3b, 4c, 5c, 6a, 7a, 8c, 9b, 10c, 11b

Oliven werden kistenweise auf dem Markt angeboten

❻ Was ist „Pamukkale"?

a) Ein Ferienort mit besonderer Natur
b) Ein Hotel in İzmir, das dem Schriftsteller Orhan Pamuk gehört
c) Eine Art Seidenteppich

❼ Was hat Carl Humann entdeckt?

a) Troja
b) Pergamon
c) Milet

❽ Wo wurde Mustafa Kemal Atatürk geboren?

a) İzmir
b) Istanbul
c) Thessaloniki

❾ Was wächst auf Bozcaada?

a) Mandarinen
b) Wein
c) Die Insel ist kahl

❿ Warum ist frischer Fisch in den Restaurants der Ägäis nicht gerade günstig?

a) Fische mögen die Ägäis nicht und meiden das Gebiet
b) Hungrige Haie kommen den Fischern immer zuvor
c) Die Ägäis wurde leergefischt und es herrscht Fangverbot

⓫ Wann begannen die Ausgrabungen in Troja?

a) 1778
b) 1878
c) 1978

REGISTER

LOB ODER KRITIK? WIR FREUEN UNS AUF DEINE NACHRICHT!

Trotz gründlicher Recherche schleichen sich manchmal Fehler ein. Wir hoffen, du hast Verständnis, dass der Verlag dafür keine Haftung übernehmen kann.

MARCO POLO Redaktion • MAIRDUMONT • Postfach 31 51
73751 Ostfildern • info@marcopolo.de

Impressum
Titelbild: Bucht nördlich von Kuşadası, Provinz Aydin (Schapowalow: R. Schmid)
Fotos: DuMont Bildarchiv: Wrba (19, 61, 78); R. Hackenberg (31); Huber-images: O. Fantuz (6/7), G. Fillippini (84), Schmid (66/67), R. Schmid (12/13, 38/39, 53, 81, 86/87, 91, 93, 100, 108); LOOK-foto/design pics (11); lOOK-foto/travel collection (77); mauritius images: M. Siepmann (114); mauritius images/age (32/33); mauritius images/age fotostock: T. Labra (75); mauritius images/Alamy (2/3, 8, 9, 26/27, 27, 48, 104, 116/117), O. Akdeniz (95), M. An (112), D. Cox (44), O. Dikbakan (59), K. Greenwood (Klappe hinten), C. Hellier (47), K. Hellon (134/135), D. Jennings (127), A. Kaya (43), A. Kebas (64), E. Korkmaz (14/15), Lanmas (99), Lazyllama (122), G. Mulrooney (30/31), Ö. Şenergin (20); mauritius images/Alamy Stock Photos/MuART (56); mauritius images/Alamy: U. Uyanik (54), J. Wlodarczyk (Klappe vorne außen, Klappe vorne innen/1, 124/125); mauritius images/Alamy/Alamy Stock Photos: H. Corneli (103), T. Ildun (10); mauritius images/Alamy/Images & Stories (136/137); mauritius images/CuboImages (70); mauritius images/imagebroker: J. W. Alker (83), H. Corneli (35), M. Siepmann (24/25), K. Wothe (97); mauritius images/imagebroker/gourmet-vision (28); mauritius images/Travel Collection (51); mauritius images/Westend61: M. Siepmann (62); E. Wrba (23, 111); Dilek Zaptcioglu/Jürgen Gottschlich (139)

9., aktualisierte Auflage 2024
© MAIRDUMONT GmbH & Co. KG, Ostfildern
Autoren: Jürgen Gottschlich, Dilek Zaptçıoğlu
Redaktion: Jens Bey
Bildredaktion: Gabriele Forst
Kartografie: © KOMPASS-Karten GmbH, A-6020 Innsbruck unter Verwendung von Kartendaten: © MairDumont, D-73751 Ostfildern (S. 36–37, 60, 118–119, 120–121, 123, Umschlag außen, Faltkarte); © KOMPASS-Karten GmbH, kompass.de unter Verwendung von © OpenStreetMap Contributors, osm.org/copyright (S. 40–41, 68–69, 73, 88–89, 90, 98, 106)
Als touristischer Verlag stellen wir bei den Karten nur den De-facto-Stand dar. Dieser kann von der völkerrechtlichen Lage abweichen und ist völlig wertungsfrei.
Gestaltung Cover, Umschlag und Faltkartencover: bilekjaeger_Kreativagentur mit Zukunftswerkstatt, Stuttgart; Gestaltung Innenlayout: Langenstein Communication GmbH, Ludwigsburg
Spickzettel: in Zusammenarbeit mit PONS Langenscheidt GmbH, Stuttgart
Texte hintere Umschlagklappe: Lucia Rojas
Konzept Coverlines: Jutta Metzler, bessere-texte.de

Printed in Poland

MARCO POLO AUTOREN

DILEK ZAPTÇIOĞLU & JÜRGEN GOTTSCHLICH

Ihre Wurzeln verbinden sie mit der Ägäis: Dilek Zaptçıoğlus Eltern stammen aus İzmir. Jürgen Gottschlich ist leidenschaftlicher Segler und ein großer Liebhaber der windumtosten Halbinseln an der ägäischen Küste. Das Autorenpaar lebt in İstanbul und Berlin, bereist seit fünfzehn Jahren die türkische Küste und kann dank seinem großen Erfahrungsschatz die besten Insider-Tipps empfehlen.

BLOSS NICHT!

FETTNÄPFCHEN UND REINFÄLLE VERMEIDEN

GETRENNT BEZAHLEN

… ist in der Türkei verpönt und wird auch „auf Deutsch zahlen" *(Alman usulü)* genannt. Die Kellner tun sich damit in der Regel schwer. Einfacher für alle ist es, die Rechnungssumme zusammenzulegen.

ANGEBLICHE MARKENWARE KAUFEN

Die Märkte in den Touristenzentren sind voller Rolex-Uhren und Teilen von Gucci, Armani etc. Achtung: Solche Fake-Ware in die EU einzuführen, ist verboten.

EINEN STEIN ALS ANDENKEN MITNEHMEN

Die Türkei hat im Lauf der Zeit viel an archäologischen Werten durch illegale Ausfuhr an das westliche Ausland verloren. Daher ist es absolut verboten, Steine aus Ruinen mitzunehmen. Selbst am Strand aufgelesene Steine im Koffer können sich beim Zoll als Problem herausstellen.

ÜBER POLITIK DISKUTIEREN

Wer sich auf politische Debatten einlässt, ist selbst schuld. Dein Gegenüber könnte dir deine abweichende Meinung übel nehmen und wenn du dabei an den Falschen gerätst, landest du im schlimmsten Fall bei der Polizei.

ABSCHLEPPEN LASSEN

In Urlaubsorten wie Bodrum und Marmaris wimmelt es von „inoffiziellen Mitarbeitern" der Reiseagenturen, Restaurants und Nachtklubs, die ahnungslosen Touristen freundschaftlich ein Schnäppchen empfehlen, das sich später als überteuert herausstellt. Vergleich die Preise immer selbst!